Gestalttherapie in der Psychiatrie

AF194331

GABRIELE BLANKERTZ | Gestalttherapeutin DVG | Gestalt-Praxis in Berlin | Gründung des Berliner Gestaltsalons und Aufbau des InKontakt Gestaltinstituts Berlin.

GIANNI FRANCESETTI | Psychiater | Gestalttherapeut | Professor für den phänomenologischen und existenziellen Ansatz, Universität Turin | internationaler Trainer und Supervisor.

ALESSIO ZAMBON | Facharzt für Psychiatrie und Psychotherapie | Gestalttherapeut | Ausbildner am InKontakt Gestaltinstitut Berlin.

Gabriele Blankertz, HG.
Gianni Francesetti
und Alessio Zambon

Gestalttherapie
in der Psychiatrie

Schriftenreihe
Berliner Gestaltsalon
in der edition g.
410

Originalausgabe

Herstellung und Verlag :
BoD – Books on Demand, Norderstedt

© 2023 by Gabriele Blankertz, Gianni Francesetti
und Alessio Zambon

Umschlag unter Verwendung eines Bildes
von *erge* auf Pixabay (gemeinfrei)
nach Edvard Munch, *Skrik* (Der Schrei)

ISBN: 978-3-7568-2233-1

INHALT

Gabriele Blankertz

ZUM GELEIT

Die hartnäckige Weigerung, Gestalttherapie in Deutschland als psychotherapeutisches Verfahren offiziell anzuerkennen und nicht nur zähneknirschend zu dulden, führt zu dem hartnäckigen Vorurteil, sie sei für schwere psychische Leiden auch nicht geeignet: So lautet ja auch die bürokratische Regel, dass nämlich alles, was in den medizinischen, also ernsthaften Bereich fällt, Gestalttherapeuten vorenthalten bleibt (es sei denn, sie verfügen über eine andere Art der Berechtigung).

Gianni Francesetti und Alessio Zambon sind Italiener und von solchen Bedenken nicht angekränkelt. Gestalttherapie mit ihrem Ansatz, psychisches Leid, auch in schwerster Form, aus dem Feld heraus zu verstehen, das die Person inklusive ihrer Biografie und ihrer Gegenwart mit ihrer Umgebung bildet, ist prädestiniert dafür, bei den Therapeuten die Fähigkeit herauszubilden, sich in die Leidenden hineinversetzen zu können. Die Empathie ist Voraussetzung, um Kontakt aufzunehmen. Und nur in einem unterstützenden Kontakt liegt die Möglichkeit einer Heilung oder wenigsten Linderung des Leids.

In seinem Beitrag skizziert Gianni Francesetti einen Rahmen der Theorie, in welchem Zwangsstörungen verstanden werden können, und macht damit möglich, sie aus der Perspektive der Leidenden heraus zu verstehen und nicht nur von außen zu diagnostizieren. So vermögen Therapeuten zu Verbündeten der Leidenden zu werden, ohne ihre Perspektive übernehmen zu müssen. An dieser Stelle helfen die ebenso einfachen wie wirksamen Übungen, die Alessio Zambon vorschlägt, um die Empathie, Vorbedingung für alles Verstehen, mit psychisch schwer Kranken zu entwickeln. Diese Übungen sind erste Vorschläge, und Alessio Zambon hofft, dass sie den Anstoß geben, weitere und neue Übungen hervorzubringen. Zudem gewährt er in einem Beitrag über das Projekt *An-Arché* im Rahmen der Reform der italienischen Psychiatrie und antipsychiatrischen Bewegung aus eigener Erfahrung Einblick in die Herausforderungen, die aus einem respektvolleren Umgang mit psychisch schwer kranken Menschen resultieren.

Meine eigenen Überlegungen betreffen die Frage, wie Kontakt mit Menschen herzustellen ist, deren Handeln jenseits dessen liegt, was wir in unserem »normalen« Alltag nachvollziehen können. Aller psychotherapeutischen Wirksamkeit hinterliegt Kontakt, ob das in der jeweilig angewendeten Methode nun reflektiert wird oder nicht. Der immense Vorteil, den ich in der Gestalttherapie sehe, ist, dass sie genau das leistet, nämlich in der Ausbildung und in der täglichen Praxis die Qualität des Kontakts auch zu reflektieren.

Ich freue mich, dass wir diese Denkanstöße in der Schriftenreihe des Berliner Gestaltsalons veröffentlichen können und bedanke mich bei Gianni und Alessio sehr herzlich dafür, dass sie ihre Beiträge zur Verfügung gestellt haben.

Gianni Francesetti

UNGESICHERT IN DEN SEILEN HÄNGEND HALTEN WIR UNS AN FIXIERUNGEN[01]
Zwangsstörungen
gestalt-phänomenologisch untersuchen

In folgendem Essay[02] schlage ich vor, die Erfahrungen derer zu untersuchen, die an einer Zwangsstörung [*obsessive-compulsive disorder*, OCD] leiden, mit dem Ziel, Therapeuten bei ihrem praktischen Vorgehen zu unterstützen. Meine Untersuchung basiert auf konkreter klinischer Realität und auf vorhandener Literatur und nimmt insbesondere konzeptionellen Bezug auf phänomenologische Methoden,[03] auf die phänomenologische Psychiatrie,[04] sodann auf empirische Methoden der Gestaltpsychologie[05] und die Theorie und Praxis der Gestalttherapie.[06] Mit diesem Ansatz hoffe ich, ein strukturelles[07] und relationales Verständnis dieses Leidens entwickeln und einen Rahmen schaffen zu können, der den verschiedenartigen Erfahrungen, die die Patienten machen und über die sie berichten, Bedeutung

01 Die Anfangszeilen aus einem Gedicht von Franco Marcoaldi (2015, S. 36): »Sospesi su ponteggi vacillanti, / ci sosteniamo con le nostre / fissazioni ...« [Anm. d. Ü.]
02 British Gestalt Journal (2017), 26, 2: S. 5-20. Leicht bearbeitet gegenüber der italienischen Fassung in Quaderni di Gestalt (2017), 30, 1, S. 53-84. – Übersetzt von Stefan Blankertz. [Anm. d. Ü.]
03 Moustakas, 1994; Spinelli, 2005; Ratcliffe, 2015; Gallagher und Zahavi, 2007; Zahavi, 2018.
04 Jaspers, 1963; Borgna, 1989; Galimberti, 1979; Callieri, 2001.
05 Ash, 1995.
06 Perls, Hefferline und Goodman, 1951; Spagnuolo Lobb, 2013a; Robine, 2016; Bloom und O'Neill, 2014; Jacobs und Hycner, 2009; Francesetti, Gecele und Roubal, 2013; Vázquez Bandín, 2014.
07 Das heißt, eine Analyse, die von der gelebten Erfahrung ausgeht, um zu beschreiben, wie eine bestimmte psychopathologische Erfahrung Gestalt annimmt und sich entwickelt, wobei der Schwerpunkt auf der Entstehung des Leidens und nicht auf seinen Ursachen liegt (cf. Borgna, 1989).

verleiht. Zur Untermauerung der therapeutischen Arbeit mit solchen Menschen, die unter Zwangsgedanken [*obsessions*] und Zwangshandlungen [*compulsions*] leiden, ziehe ich darüber hinaus die Feldperspektive heran; sie bietet ein Beispiel für die gestalttherapeutische Analyse in der Psychopathologie und dafür, wie die phänomenologische Psychiatrie diesen Weg auf frühere Arbeiten aufbauend unterstützen kann.[08] Es finden sich in der Literatur nur wenige Schriften zu einem gestalttherapeutischen Ansatz bei Zwängen.[09] Der systematischste ist der von Giovanni Salonia (2013), der den Ausgangspunkt meiner Untersuchung bildet; dann aber schlage ich ein etwas anderes Verständnis davon vor, wie Zwangsgedanken und wie Zwangshandlungen entstehen.

I. Vorbemerkungen
zur »extrinsischen« Diagnose[10]

Eine »extrinsische« Diagnose basiert auf dem Prozess des Abgleichens dessen, was der Experte verzeichnet, mit den nosographischen (bewertungsfreien) Kategorien in einem System von Formulierungen der Symptome. Die Diagnosekriterien für Zwänge laut DSM 5 (APA, 2013) sind:

A) Zwangsgedanken [*obsessions*], -handlungen [*compulsions*] oder beides sind vorhanden;

B) diese sind zeitintensiv oder sie verursachen Leiden oder Beeinträchtigungen in sozialen, beruflichen oder anderen wichtigen Funktionsbereichen;

08 Francesetti, 2007; 2015a; Francesetti und Gecele, 2011; Francesetti und Spagnuolo Lobb, 2013.
09 Morphy, 1980; Tárrega-Soler, 1997; Wheeler, 2002, S. 165; Dreitzel, 2010; Salonia, 2013.
10 Für eine ausführlichere Perspektive auf die Diagnose in der Gestalttherapie und den Unterschied zwischen intrinsischer und extrinsischer Diagnose siehe Francesetti, Gecele (2009); Roubal, Gecele und Francesetti (2013).

C) sie sind nicht die Folge der physiologischen Wirkung einer Substanz oder eines medizinischen Krankheitsfaktors.

D) Das Störungsbild lässt sich nicht besser mit dem Vorliegen einer anderen psychischen Störung erklären.

Die ICD-Klassifikation unterscheidet sich nicht wesentlich.[11] Die Zwangsstörung ist eine häufige und schwerwiegende Störung, die ihren Betroffenen und den ihnen nahestehenden Personen das Leben sehr schwer machen kann: Etwa 2-3 % der erwachsenen Bevölkerung leiden an dieser Störung,[12] wobei die Zahl der Betroffenen weltweit auf über 100 Millionen Menschen geschätzt wird. Sie ist durch zwei Hauptsymptome gekennzeichnet: *Zwangsgedanken* und *Zwangshandlungen*.

Zwangsgedanken sind unerwünschte und aufdringliche Gedanken, Bilder, Impulse oder Ideen, die als bedrohlich, abstoßend, sinnlos, obszön oder blasphemisch erlebt werden. Die Themen können variieren und betreffen typischerweise Schmutz, verantwortlich zu sein für Anderen zugefügte Schäden, Sex, Religion, Gewalt sowie Störung von Ordnung oder Symmetrie. – Drei Merkmale unterscheiden Zwangsgedanken von anderen wiederkehrenden Gedanken:

1. Sie sind unerwünscht und

2. unvereinbar mit dem Wertesystem des Betroffenen.

---

11 Siehe hierzu ICD 10, F.42: »Wesentliche Kennzeichen sind wiederkehrende Zwangsgedanken und Zwangshandlungen. Zwangsgedanken sind Ideen, Vorstellungen oder Impulse, die den Patienten immer wieder stereotyp beschäftigen. Sie sind fast immer quälend, der Patient versucht häufig erfolglos, Widerstand zu leisten. Die Gedanken werden als zur eigenen Person gehörig erlebt, selbst wenn sie als unwillkürlich und häufig abstoßend empfunden werden. Zwangshandlungen oder -rituale sind Stereotypien, die ständig wiederholt werden. Sie werden weder als angenehm empfunden, noch dienen sie dazu, an sich nützliche Aufgaben zu erfüllen. Der Patient erlebt sie oft als Vorbeugung gegen ein objektiv unwahrscheinliches Ereignis, das ihm Schaden bringen oder bei dem er selbst Unheil anrichten könnte. Im Allgemeinen wird dieses Verhalten als sinnlos und ineffektiv erlebt, es wird immer wieder versucht, dagegen anzugehen. Angst ist meist ständig vorhanden. Werden Zwangshandlungen unterdrückt, verstärkt sich die Angst deutlich.« [Anm. d. Ü.]

12 Abramowitz und Siqueland, 2013, S. 194.

3. Sie rufen bei dem Betroffenen Widerstand hervor, wenn er versucht, sie zu beseitigen oder die Folgen zu bewältigen. **Zwangshandlungen** sind zielgerichtete und absichtliche Verhaltensweisen, die der Betroffene als Reaktion auf die Zwangsgedanken vornimmt, um die Angst, die sie hervorrufen, und ihre katastrophalen Folgen zu begrenzen. Zwanghafte Rituale drehen sich typischerweise um Reinigung, Kontrolle, Wiederholung und Denkakte.

Symptome von Zwangsgedanken und Zwangshandlungen können auf unterschiedlichen funktionellen Ebenen von Erkrankung auftreten, einschließlich der neurotischen und der psychotischen Ebene sowie der Borderline-Erkrankung. Alle aktuellen Diagnosesysteme unterscheiden Zwänge von einem psychotischen Erleben, aber obwohl es einen Unterschied gibt, sind beide nicht weit voneinander entfernt. Einigen Autoren zufolge[13] und in dem Modell, das ich hier vorstelle, können Zwänge trotz des Unterschieds als der Psychose nahestehend betrachtet werden; in einigen Fällen bilden sie das Bollwerk, das den Betroffenen gegen ein Abgleiten in psychotisches Erleben sichert. Wir können also sagen, dass Zwänge zwar im Allgemeinen auf einer neurotischen Ebene der Organisation der Persönlichkeit entstehen, aber wenn die zwanghafte Anpassung nicht ausreicht, um die Angst einzudämmen, können die zwanghaften Symptome in ein psychotisches Erleben umschlagen. Die Diagnose einer Zwangsstörung sollte auch von der einer sogenannten »zwanghaften Persönlichkeitsstörung« differenziert werden, die sich von der Zwangsstörung dadurch unterscheidet, dass sie ich-synton ist, d. h. der Betroffene fühlt sich nicht durch sein perfektionistisches, starres, stures oder ordnungssuchendes Verhalten gestört und sucht deshalb auch keine Hilfe. Die Zwangsstörung kann, muss aber nicht mit dem zwanghaften Stil der Persönlichkeit einhergehen.

13 Straus, 1948; Stanghellini und Ballerini, 1992.

II. Eine phänomenologische Analyse:
Die Erfahrung des Leids

Andrea hat Angst, dass er seine zweijährige Tochter umbringen oder dass jemand ihr etwas Schreckliches antun könne. Er wird von sich aufdrängenden Bildern gequält, wie sie körperlich und sexuell missbraucht wird. Er versteckt alle Messer und alle scharfen Gegenstände im Haus. Er zählt die Sekunden, die er braucht, um in die Garage zu kommen und das Auto zu starten, nachdem er die Haustür verriegelt hat – und wenn es nicht die richtige Zahl ist, wiederholt er die Aktion, bis die Zeit stimmt. Wenn dann die vorbei ziehenden Nummernschilder sich nicht mit Hilfe einer komplizierten Formel zu einer Zahl innerhalb eines bestimmten Bereichs addieren lassen, nimmt er eine Reihe von mühsamen mathematischen Operationen vor, um die nun möglichen tragischen Folgen für seine Tochter wieder abzuwenden.

Anna lebt in einer kontaminierten Welt, und um sich vor ihr zu schützen, muss sie ihre Wohnung ständig dekontaminieren. Das bedeutet, dass alles, was in sie gelangt, nach bestimmten Prozeduren gewaschen und für eine bestimmte Zeit in »Quarantäne« gehalten werden muss – auch sie selber. Ihre Haut ist zu einer hauchdünnen Hülle geworden, die immer stärker mit Schadstoffen belastet ist. Sie lebt in ständiger Angst und Verzweiflung.

Cristina kann nicht mehr Auto fahren, weil der Gedanke, jemanden zu überfahren, sie zwingt, ständig anzuhalten und zurückzufahren, um zu überprüfen, dass sie keinen verletzt habe. Selbst ihre Arbeit als Verkäuferin ist unerträglich geworden, denn immer wenn jemand etwas Kleinteiliges kauft, hat Cristina Angst, dass ein Kind es verschlucken und ersticken könnte. Diese Gedanken sind unaufhörlich geworden und führen dazu, dass sie immer wieder innehält und überprüft; das lindert ihre Angst, aber nur vorübergehend.

[13]

Diejenigen, die an einer schweren Zwangsstörung leiden, beginnen jeden Tag mit einer übermenschlichen Aufgabe, die sie niemals zu Ende bringen werden. Der Kampf gegen die Unordnung, die Verunreinigung, den Schmutz, die Ungewissheit, den Schaden, das Risiko oder den Kontrollverlust beansprucht ihre ganze Energie ohne Pause oder Ende und zehrt sie bis zur Erschöpfung aus. In der Erfahrung dieser Betroffenen ist die Welt erschreckend, ständig drohen schwerwiegende Tragödien und Katastrophen. Zwangshandlungen sind das Gegenmittel, Talismane, die vorübergehend das Schlimmste abwenden.[14] Ich werde versuchen, diese Erfahrungen anhand von vier Themen zu beschreiben, die bei Zwängen von besonderer Bedeutung sind:

(II.1) Raum und Zeit;

(II.2) die Beziehung der Teile zum Ganzem;

(II.3) die Erfahrung der Grenze, sowie

(II.4) der Dinge.

II.1 Raum und Zeit

Der Raum zieht sich zusammen. Wie bei jeder Erfahrung von Angst ist das bedrückend: (sich) ängstigen, vom lateinischen *angere*, bedeutet etymologisch »einengen«, »(er)würgen«. Die Welt greift denjenigen, der Zwangsgedanken [*obsessions*] erfährt, von allen Seiten her an und schränkt den Raum der Person auf das ein, was kontrolliert und reinlich gehalten werden kann. Je obsessiver das Bedürfnis ist, zu kontrollieren und zu reinigen, desto mehr Raum ist verbotenes Territorium. »Obsession« leitet sich etymologisch gesehen vom lateinischen *obsessio* ab, was »Einschließung« bedeutet. Es gibt also eine räumliche Implikation in der ursprünglichen Bedeutung von

14 Straus, 1948; Ballerini und Callieri, 1996; Muscelli und Stanghellini, 2008; von Gebsattel (1938); Stanghellini und Ballerini, 1992; Borgna, 1997.

Obsession.[15] Eine von einer Obsession besessene Person wird belagert, spürt, dass ihr der Raum fehlt und ihr die Dinge zu nahe kommen.[16] Das Bedürfnis und die Strategien, Symmetrie herzustellen, erzeugen ein Gefühl der Kontrolle über den Raum, sein unaufhaltsames und chaotisches Herannahen zu stoppen, den Zustand der Belagerung aufzuheben. Der Raum ist bedrohlich nicht in dem Sinne, dass er ein Ort ist, an dem ich mich der Welt schutzlos ausgeliefert sehe, wie bei Agoraphobie,[17] sondern in dem Sinne, dass er ein Ort ist, an dem die Distanz zu den Dingen fehlt. Die Erfahrung des Mangels an Distanz ist die Basis, von der aus die Bemühungen des an Zwangsgedanken Leidenden zu verstehen sind, Distanz zu schaffen, wie wir weiter unten sehen werden. Die Bevorzugung des distanzierendsten und objektivierendsten aller Sinne, des Sehens, steht ebenfalls im Dienst dieses Bedürfnisses. So ist das Subjekt mit Rückzugsgefechten beschäftigt, sieht sich einer Belagerung ausgesetzt, die kein Ende findet, einer Zeit, die fließt, ohne dass dem Anstieg der Erregung und dem Höhepunkt der Handlung eine Befriedung folgt – Zeit fließt linear, gleichförmig und unaufhaltsam dahin, aber ohne etwas zu erreichen, das durch einen Seufzer abgeschlossen werden kann, der es erlaubt, ein neues Kapitel aufzuschlagen. Eine Pause einzulegen und innezuhalten, ist notwendig und gleichzeitig unmöglich: Innehalten ist notwendig, um die Erfahrung auszukosten; hier in dieser Welt hieße auskosten aber, Ekel zu empfinden. Zeit fließt dahin, ohne zu einem Ereignis zu werden, und erzeugt eine körperliche Spannung, die sich nie in einem Höhepunkt auflöst, eine Spannung, die nur dann nachlässt, wenn die aufwendbare Energie erschöpft ist, nicht

15 Das deutsche Wort »Besessenheit« hat eine entsprechende räumliche Implikation. Es stammt von »Besitz« ab und meint im mittelhochdeutschen Ursprung als »besessen« noch »belagern« und verschiebt sich dann zu »vom Teufel bewohnt«. [Anm. d. Ü.]
16 Muscelli und Stanghellini, 2008, S. 280.
17 Francesetti, 2007; 2013.

weil ein Ziel erreicht ist, an dem man ausruhen kann. Zeit erlaubt keine Reifung und kein Innehalten; darum kommt es nicht zur Assimilation. Anhalten hieße aufgeben; es gibt kein Ruhen und kein Rasten, keinen Endpunkt.

II.2 Beziehung der Teile zum Ganzen

Wer an einer Zwangsstörung leidet, fängt mit seinen Netzen die kleinen, lässt aber die großen Fische entkommen. Details treten in den Vordergrund, werden zur Figur, werden vergrößert und immer wieder analysiert, ohne dass das Gefühl entsteht, etwas geschafft zu haben. Der Mangel an Distanz führt die Betroffenen dazu, räumliche Details so stark zu vergrößern, dass sie Ekel erregen oder Gefahr anzeigen.[18] Das, was uns belagert, muss weggeschoben werden, und eine Möglichkeit, das zu tun, liegt darin, es visuell zu objektivieren, zu einem Objekt zu machen, einem Objekt, das freilich unweigerlich zu nahe rückt und damit ekelhaft oder gefährlich wird. Das Detail überwiegt und tritt in den Vordergrund, aber die Figur wird nie zufriedenstellend vollendet. Bei solchen Erfahrungen ist es schwierig, zu einer letztendlichen Gestalt zu gelangen, die man als vollständig und alle bedeutenden Elemente umfassend empfindet. Stattdessen sind Figuren wie Windmühlen – da sie nicht in einem Boden verwurzelt sind, der sie trägt, werden sie notwendigerweise repetitiv und

---

18 Straus (1948) hebt hervor, wie der Schriftsteller Jonathan Swift, der an Zwangsgedanken litt, in Gulliver einen Charakter schuf, der eine unvermeidlich große und nahe Erfahrung der Realität macht, die ihn anekelt: »Den meisten Ekel erregten mir aber die Ehrendamen (wenn meine Wärterin mich zu ihnen brachte), dass sie alle Umstände hinsichtlich meiner bei Seite setzten, als sei ich ein geschlechtsloses Geschöpf, denn sie pflegten sich nackt auszuziehen, ihre Hemden anzulegen, während ich auf ihrem Putztisch gerade vor ihren entblößten Gliedern stand, ein Anblick, der bei mir den Eindruck des Schauders und Widerwillens hervorbrachte« (Jonathan Swift, *Gullivers Reisen*, Teil 2, Kap. 5; deutsch nach der Ausgabe Stuttgart 1843, S. 204ff). (Zitiert bei Straus, 1948, S. 99.)

bleiben unvollendet; denn was unvollendet ist, wird wiederholt.[19] Die fehlende Erfahrung der Vollendung hilft uns, die krampfhafte Suche nach Vollendung zu verstehen, welche nie erreicht werden kann. Hier taucht der nur scheinbar sinnlose Sinn des Perfektionismus auf – im Lateinischen bedeutet *perfectus* etymologisch vollkommen, vollendet, vollständig. Es ist ein ständiger Drang nach einer Erfahrung der Vollendung – das ist der Durst, der Betroffene von Zwangsgedanken antreibt, ohne jemals Erleichterung zu finden; *perfectus* bedeutet aber auch »tot«,[20] und bezeichnenderweise ist die Art, in der an Zwangsstörungen Leidende an Selbstmord denken, eine Möglichkeit, dem endlosen Kampf ein Ende zu setzen: »Oft denke ich auf der Autobahn, dass es genügen würde, in der Kurve nicht zu lenken. Dann hätte endlich alles ein Ende, und jeder würde denken, es sei nur ein Unfall gewesen.«

II.3 Die Erfahrung der Grenze

Grenzen, Räume, Einfassungen, Barrieren und Dämme sind immer wiederkehrende Themen im Kampf gegen Enge und Verunreinigung, im Bemühen um Abgrenzung gegen Zerfall, Fäulnis und Bedrohung. Es ist ein endloser Kampf gegen das »Böse« in all seinen verschiedenen Formen: Gewalt, Schicksal, Verfall des Fleisches, Krankheit, Keime und Würmer, Gefahr, Schaden, schlechte Einflüsse. Ein Merkmal des Bösen besteht aber darin, dass es sich nicht wirklich eindämmen lässt. Verfallsprozesse sind nicht aufzuhalten. Keime dringen in jede noch so kleine Ritze ein; Gewalt und Schicksal schlagen jederzeit zu. Das Böse fließt; es ist eine Flüssigkeit, welche durch

19 Vgl. Perls, Hefferline und Goodman, 1951.
20 [Diese Etymologie konnte ich nicht verifizieren. Zwar legt der Euphemismus »das Leben vollenden« statt »beenden« eine solche Verbindung nahe, doch das lateinische *perficere* entspricht mehr dem »Ganzmachen«. Anm. d. Ü.]

alle Hindernisse sickert. Die Grenze muss also befestigt, neu markiert und fixiert sowie verbreitert werden; sie bleibt aber brüchig und voller Löcher. Die Hände werden gewaschen, um den Gestank des Bösen, der an ihnen klebt, zu entfernen; aber die Haut wird immer dünner, die Barriere immer schwächer und erfordert immer mehr Reinigung, in einem unendlichen, teuflischen Kreislauf. Ein wachsames Auge obsessiv auf jede Barriere zu werfen, reicht nicht aus; sie kriegen Risse, bröckeln und verrotten. Der unaufhaltsame Fluss der Zeit, der alles in sich hinein schlingt, verzehrt und auflöst, korrumpiert sie. Der Ekel, den manche Autoren[21] als die zentrale Erfahrung bei Zwangsgedanken ansehen, entsteht aus dieser engen Begegnung mit der Materialität, die sich nicht wegschieben lässt. Wie bei Swift gesehen, macht das Fehlen einer breiten räumlichen Dimension, das Zerquetscht-Werden durch die Dinge, sie ekelhaft. Die Erkenntnis, dass der Patient keine sichere Grenze zwischen sich und dem Hadern damit, was jederzeit passieren könnte, etablieren kann, hilft bei der Entwicklung einer Phänomenologie des Unvermögens, Grenzen zufriedenstellend weitläufig zu gestalten und aufrecht zu erhalten. Dies gestattet es uns auch, Praktiken des Hortens zu verstehen. Beseitigen heißt etymologisch, etwas über die Seite – über die eingrenzende Linie einer Fläche, Grenzfläche eines Körpers – hinaus wegzuschaffen, zu entfernen, verschwinden zu lassen;[22] das aber ist etwas, das zugleich ersehnt wird und unmöglich ist. Aggressivität, die manchmal in Gewalt münden kann, ist oftmals ein extremer Versuch, eine Barriere an der Stelle zu erzwingen, an der jemand sie durchbrochen hat; dadurch war ein bedrohlicher Riss in dem Sicherheitsgürtel entstanden, den der Patient ständig aufbaut und kontrolliert. Die Angst, man könne Schaden anrichten, entspringt hier keinem »ver-

---

21 Straus, 1948.
22 Im Original die Etymologie von englisch *to eliminate*, italienisch *eliminare*, das »e« ist eine lateinische Verneinung, »limen« die (Tür-) Schwelle. [Anm. d. Ü.]

drängten Wunsch«, jemandem zu schaden. Es handelt sich vielmehr um eine reale Angst, in der sowohl das Risiko einer extremen Abwehr (wenn keine Distanz geschaffen oder die Grenze auf andere Weise verteidigt werden kann) als auch das Risiko eines unfreiwilligen Kontrollverlusts ausgedrückt ist.

II.4 Die Erfahrung der Dinge

In einer Welt voller Zwangsgedanken haben die Dinge Leben. Sie bewegen sich; sie sind unkontrollierbar und unvorhersehbar. Sie kennzeichnet das, was Gestaltpsychologen als *physiognomische Qualitäten*[23] bezeichnet haben: »Physiognomische Qualitäten« rufen sofort sensorische und emotionale Erfahrungen hervor,[24] in der Regel beunruhigen sie, ja erschrecken sogar. Dinge befinden sich nicht in Ruhe; daher lösen sie Rastlosigkeit aus. Dinge, wenn man sie genau betrachtet, schauen einen an. Dinge sind Lebewesen, und so unterliegen auch sie einem Prozess des entropischen Zerfalls. Materie ist keine stabile Einheit; unaufhaltsam zerfällt sie. In derartigen Erfahrungen sind die Dinge nicht dort drüben, klar getrennt und distanziert vom Betrachter, der auf einem mehr oder weniger neutralen Posten der Beobachtung steht. Ein solcher Posten wird angestrebt, aber nie ganz erreicht, denn die Dinge sind immer da; sie stören und können nicht beiseite geschoben werden. Es gibt keine klare und beständige Grenze. Immer ist irgendetwas flutschig, übertrieben. Ein Kratzer an der Tür des Autos, Staub auf der gestern Abend geputzten Anrichte, ein verwelktes Blatt zwischen den Geranien, in die Hand genommene Münzen, die man hätte verschlucken können – all dies legt lebendiges Zeugnis davon ab, wie vieles sich unserer Kon-

23 Metzger, 1941; Straus, 1948. [»Anmutungsqualitäten«; Beispiele bei Metzger: »friedlich daliegendes Dorf«, »finster dreinblickender Mann«; Erg. d. Ü.]
24 Siehe § III.1.

trolle entzieht; es ist ein entropischer Kampf ohne Ende, ohne Atempause, in dem wir niemals siegen können.

Wer unter Zwangsgedanken leidet, lebt im Belagerungszustand, ist in jedem Moment der Gefahr ausgesetzt, Schaden zu erleiden, provoziert durch Dinge oder, ohne Absicht, durch sich selbst. Belagert, kämpft man weiter. Ohne Pause. Ohne Frieden.

III. Eine Gestaltanalyse der Erfahrung: Zwangsstörung als kreative Anpassung

Die Frage, die ich in diesem Abschnitt versuchen möchte zu beantworten, lautet: Wie ist zwanghaftes Erleben strukturiert? Es geht um die Pathogenese, also darum, wie eine bestimmte Art des Leidens Gestalt annimmt. Anhand dieser Analyse hoffe ich zu erhellen, wie diese so überaus schwierige Lebensweise dennoch eine kreative Anpassung sein kann, die in bestimmten Situationen funktional ist.

III. 1 Jenseits der Säulen des Herkules: Vorgestalten,[25] Proto-Selbst, Selbstwerdung[26] und andere Chimären

Um die Ausgangsfrage zu beantworten, stütze ich mich auf einige theoretische und empirische Referenzen. So ganz allgemein auf die Arbeiten der Gestaltpsychologie zur Wahrnehmung und, mit Bezug zur Analyse von Klaus Conrad,[27] insbesondere die Arbeiten von Metzger (1941). Diese Denker

25 Deutsch im Original. Die englische Übersetzung des Autors: »pre Gestalten«; die italienische Übersetzung: »forme percettive precoci«. [Anm. d. Ü.]
26 »Emergent Self«, »Sé emergente«. [Anm. d. Ü.]
27 Er war der erste, der eine Methode der Untersuchung in der Psychopathologie definierte und verwandte, die er »Gestaltanalyse« nannte (Conrad, 1958).

haben empirisch nachgewiesen, dass die Wahrnehmung ein Prozess ist, der in Sekundenbruchteilen zu einem Wahrnehmungserlebnis [*perceptive experience*] führt, bei dem das Subjekt sich als vom Objekt gesondert wahrnimmt: Das Subjekt ist sowohl räumlich als auch emotional vom Objekt losgelöst und das Objekt besitzt einen klaren, eindeutigen Umriss. Dieses Wahrnehmungsresultat [*outcome of perception*], welches Metzger als »Endgestalt«[28] bezeichnet, ist Resultat eines Prozesses, der aus einem ganz anderen, ursprünglichen Wahrnehmungsaugenblick [*perceptive moment*] hervorgeht. Die Wahrnehmungsformen [*perceptive forms*] dieses ersten Wahrnehmungsaugenblicks werden »Vorgestalten« genannt. Bei den »Vorgestalten« ist das Wahrnehmungserlebnis diffus, undifferenziert und global. Die Figur hat sich noch nicht vom Hintergrund abgehoben; etwas ist da, aber es ist ein instabiles, verworrenes und unbestimmtes Etwas. Es ist eine Erfahrung der Nicht-Ruhe und damit der Unruhe, bevor ein Subjekt sich klar von einem Objekt unterscheidet. In dieser ersten Phase überwiegen expressive physiognomische Qualitäten – gefühlsgeladene Qualitäten, die auf unmittelbare, prä-reflexive Weise etwas mitteilen. Sie werden passiv erlebt, als würden sie das Subjekt fesseln, es entsteht ein Gefühl der Ahnung einer Entwicklung, eines Zwecks, der hier noch nicht definiert ist, und wenn diese Entwicklung verzögert wird, entsteht Spannung und Unruhe. Wenn Endgestalten sich schließlich herausbilden, überwiegen strukturell-materielle Qualitäten, gekennzeichnet durch ein Gefühl der Erleichterung, eine deutliche Figur wahrzunehmen, die sich objektiv abhebt und von der das Subjekt sich getrennt fühlt; nun ist es in der Lage, sie mit kritischem Urteil und emotionaler Distanz zu betrachten. Das Gefühl, passiv in etwas Unscharfes und Störendes hineingezogen zu werden, endet. Bei den »Vorgestalten«, die am Ur-

28 Deutsch im Original. Die englische Übersetzung des Autors: »final Gestalt«; die italienische Übersetzung: »forma percettiva finale«. [Anm. d. Ü.]

sprung aller Wahrnehmung stehen, handelt es sich um eine atmosphärische und prä-dualistische Erfahrung, die an der Basis unseres pathischen[29] Lebens liegt.[30]

In dieser Anfangsphase der Wahrnehmung sind die Grenzen und Pole von Subjektivität und Objektivität nicht eindeutig und stabil. Diese Gestaltanalyse der Wahrnehmung steht im Einklang mit der von Antonio Damasio (2012) entwickelten Beschreibung der Selbstwerdung.[31] Nach diesem Modell, das auf seinen neurologischen Studien beruht, entsteht das Selbst bei der Wahrnehmung schrittweise, innerhalb von Sekundenbruchteilen, mit drei Stufen: das Proto-Selbst, das subjektive Selbst und das autobiographische Selbst. Im ursprünglichen, anfänglichen Stadium wird das Proto-Selbst auf die Anwesenheit von Etwas aufmerksam gemacht, ohne dass klar ist, zu wem das Etwas gehört. Aus einem Zustand der Ruhe wird eine Unruhe, die mir als Subjekt noch nicht zugeschrieben werden kann, weil das Gefühl, ein eigenes Subjekt zu sein, erst zu einem späteren Zeitpunkt auftaucht. Das Konzept der Selbstwerdung, das von Daniel Stern (1985) entwickelt wurde, umfasst auch dieses erste Datum aller Erfahrung. Die Selbstwerdung charakterisiert die ersten Lebensmonate von Säuglingen. In dieser Zeit der kindlichen Entwicklung gibt es weder ein bestimmtes Selbstgefühl, noch ist es von der Welt abgegrenzt; vielmehr ist der Prozess der Selbstwerdung die

29 »Pathisch« bedeutet: im gelebten Körper empfunden und erlitten. Wir werden vom Pathischen unmittelbar und passiv ergriffen, wir werden von Leid und Leidenschaft bewegt; es ist etwas, dem wir unterworfen sind (und nicht von dem wir unterworfen werden). Im Atmosphärischen sind Figur und Hintergrund noch nicht definiert, sondern bilden einen affektiv aufgeladenen Ton, der im Raum diffus, unmittelbar und ohne klare Grenzen ist, aus dem Subjekt und Objekt hervorgehen werden, und der die entstehende Erfahrung imprägniert und färbt, die Subjekte und Objekte in einem wechselseitigen, zirkulären Machen umfasst.

30 Tellenbach, 1968; Griffero, 2014; Böhme, 2010; 2017; Schmitz, 2011; Waldenfels, 2011; Francesetti, 2015b; Francesetti und Griffero, 2019.

31 Vgl. https://www.youtube.com/watch?v=8LD13O7dkHc. [Neu aufgerufen am 08. 04. 2021; Anm. d. Ü.] [Selbstwerdung: *emerging of the self*. Anm. d. Ü.]

Figur. In Sterns Modell bleiben die Stufen, die wir in der Entwicklung durchlaufen, in jeder nachfolgenden Erfahrung, in jedem Augenblick für den Rest unseres Lebens präsent. Die phänomenologische Tradition weist ebenfalls auf eine ursprüngliche Dimension der Erfahrung hin, in der Subjekt und Objekt noch nicht unterschieden sind. Sie beschreibt es als natürliche, naive Haltung,[32] die Wahrnehmung normalerweise als Produkt und nicht als ursprüngliches Erfahrungsdatum zu charakterisieren, obwohl wir ihr normalerweise keine Aufmerksamkeit schenken.[33] Das Vorhandensein eines ursprünglichen Erfahrungsdatums wird durch die Etymologie des Wortes selbst belegt: »Wir sehen die Spuren dieses Prozesses in den Begriffen Subjekt und Objekt: *sub-jectum* bedeutet im Lateinischen ›hinein-geworfen‹, *ob-jectum* ›hinaus-geworfen‹, was darauf hindeutet, dass sie keine ursprünglichen Wesenheiten sind, sondern das Produkt des Aktes des Geworfenseins in zwei verschiedene Regionen der Welt.«[34] In einer früheren Arbeit haben wir diesen Augenblick als die »prä-personale Dimension der Erfahrung« bezeichnet[35] und ihn als Grundstein für das Verständnis psychotischer Erfahrung genommen. In der psychotischen Erfahrung gelingt es dem Subjekt nicht, aus der prä-personalen Dimension der »Vorgestalten« herauszutreten, und es wird in einer Welt ohne definierte Grenzen zurückgelassen, einer Welt, die ruhelos und unkommunizierbar ist, die es passiv verschlingt und aus der es sich nicht befreien kann. Wahn und Halluzination sind die kreativen Anpassungen, die in dieser Albtraumwelt verwendet werden, um zu entkommen, zwar nicht in eine Welt, die gemeinsam bewohnt wird, aber zumindest in eine, die bestimmt ist.[36] Wir haben diese Welt als »jenseits der Säulen des Her-

32 Husserl, 1913.
33 Merleau-Ponty, 1945; Alvim Botelho, 2016.
34 Francesetti, 2016a, S. 150.
35 Francesetti und Spagnuolo Lobb, 2013.
36 Der erste, der Metzgers Arbeit nutzte, um das psychotische Erleben zu ver-

kules« beschrieben, einen Ort, von dem die Alten glaubten, er
läge jenseits der bekannten, fassbaren Welt, jenseits des Non-
plusultra, eine Welt, die von Monstern und Chimären be-
völkert ist und vor der uns die Säulen (im Griechischen mit
dem Wort für Grenzen wiedergegeben) schützen. An der
Wurzel jeder unserer Erfahrungen entspringen wir alle dieser
Welt. Diese Perspektive steht im Einklang mit dem Konzept
der Selbstwerdung, das die Theorie der Gestalttherapie unter-
mauert,[37] derzufolge das Selbstgefühl [*sense of self*] ein Prozess
ist, welcher sich aus einer Situation ergibt und das Selbst der
Situation [*self of the situation*] entstehen lässt.[38] Anerkennung
des prä-dualistischen Ursprungs der Subjektivität ist wichtig,
weil sie einer post-cartesianischen Perspektive[39] die Basis gibt,
die es uns ermöglicht, das Leiden und seine Behandlung aus
der Sicht des Feldes (oder der Beziehung, der Situation oder
der intersubjektiven Matrix, je nach Autor) und nicht des
Individuums zu verstehen, obwohl es das Individuum ist, das
dieses Leiden fühlt und ausdrückt und nach seiner Transformation ruft. Diese Analyse des Wahrnehmungsprozesses
ist die Grundlage, nur auf einer anderen Zeitskala, der von
der Gestalttherapie entwickelten Kontaktsequenz.[40] Der undifferenzierte »pathische« Augenblick ist der Bereich der Es-
Funktion des Selbst, aus dem heraus und auf der Basis voran-
gegangener assimilierter Kontakte (Persönlichkeitsfunktion)
wir kontinuierlich als Subjekte hervorgehen.

stehen, war Klaus Conrad (1958). Er legte die Grundlagen für das Studium der
Psychopathologie durch das, was er »Gestaltanalyse« nannte. Leider wurde seine
Arbeit von späteren Denkern nicht in ihrem ganzen Potenzial erforscht, obwohl
sie heute von einer Reihe von Autoren wieder aufgegriffen wird (Alessandrini
und Di Giannantonio, 2013).
37 Philippson, 2009; Robine, 2016; Francesetti, 2016; Spagnuolo Lobb, 2016;
Alvim Botelho, 2016; Bloom, 2016; Staemmler, 2016.
38 Perls, Hefferline und Goodman, 1951; Robine, 2006.
39 Oder nach Schmitz, 2011: »post-demokritisch«.
40 Perls, Hefferline und Goodman, 1951.

III.2 Strukturale Entstehung von Zwangsgedanken: Endlose herkulische Riesensprünge

In der Literatur finden sich verschiedene Modelle, die versuchen, der Entstehung von Zwangsgedanken einen Sinn zu geben. Insbesondere gibt es psychodynamische Modelle,[41] verhaltenstherapeutische und kognitive Modelle[42] und sogar Modelle der Gestalttherapie.[43] In *Gestalt Therapy* (Perls, Hefferline und Goodman, 1951) werden Obsessionen als Gedanken gesehen, die dazu dienen, die Angst vor der Erregung zu beseitigen. Die Analyse, die ich hier vorstelle, wird versuchen, auf diese Aussage dadurch aufzubauen, dass sie die Störung insbesondere bezüglich ihrer neurotischen und psychotischen Organisationsebene verortet und sie im Lichte von Wahrnehmungsprozessen und der Selbstwerdung betrachtet. Die Hypothese, die ich in diesem Abschnitt vorstelle, ist pathogenetisch; das heißt, sie versucht zu erklären, wie das Erleben unabhängig von seinen Ursachen entsteht, auf die wir später noch eingehen werden.

Sehen wir uns also eine gestalttherapeutische Analyse zwanghafter Erfahrungen an. Wenn wir zwanghaftes Erleben (§ II) mit der Entstehung der Wahrnehmung (§ III.1) in Beziehung setzen, wird sofort deutlich, dass Menschen, die unter Zwangsgedanken leiden, von der Welt der Vorgestalten belagert werden, dort aber zugleich weder verloren gehen noch unaufhaltsam feststecken. Was wir beobachten können, ist ein ständiger Kampf, um Distanz zu schaffen, abzuschließen, Grenzen zu ziehen, Barrieren zu errichten und um sich zu lösen. Im psychotischen Erleben ist die Person in dieser Welt ohne Differenzierung gefangen und verloren und agiert ihr Drama durch Wahnvorstellungen, Halluzinationen und

---

41 Gabbard, 1994.
42 Beck, 1976, und nachfolgende Entwicklungen.
43 Siehe die Referenzen oben.

[25]

Rückzug ins Unaussprechliche aus. Das geschieht hier nicht. Wer unter Zwangsgedanken leidet, *wehrt* sich gegen die undifferenzierte Welt, indem er einen endlosen Kampf um die Eroberung eines distanzierten, abgegrenzten und sicheren Landes führt. Jeder Zentimeter Boden wird mühsam gewonnen, nur um sofort und unweigerlich wieder verloren zu gehen. Zeit ist niemals ein Sieg, sondern ein endloser Kampf; sie ist kein Ereignis, sondern eine Anstrengung. Um es mit den Worten eines Patienten zu sagen:

»Ich bin auf einem Rettungsboot mitten auf dem Ozean gestrandet, allein im Sturm. Ich schöpfe das Wasser ab, aber das Boot ist undicht. Ich kann nicht anhalten. Ich gehe nicht unter, trotz all meiner Bemühungen ändert sich die Situation jedoch nicht. Was wird geschehen, wenn ich zu müde bin, um weiterzumachen?«

Während die Person in der psychotischen Erfahrung nicht in der Lage ist, die Vorgestalten hinter sich zu lassen und eine gemeinsame Welt zu erobern, unternimmt sie hier eine herkulische Anstrengung, um Endgestalten aufzuspüren und festzuhalten, die klar, bestimmt und gewiss sind, freilich ohne dass die Vorgestalten tatsächlich zu klaren und bestimmten Gestalten heranreifen und ohne dass sie in einem Grund verwurzelt sind. Es ist ein Sprung von einer unmittelbaren, vorsprachlichen und sinnlichen Welt in eine sprachliche, gedankliche, logisch-mathematische und rückbezügliche Welt. Zwangsgedanken sind nichts anderes als dies: die Fähigkeit, definierte Figuren zu erschaffen und an ihnen festzuhalten; da sie nicht im Boden verwurzelt sind, sind sie überdefiniert und müssen endlos wiederholt werden, um ex-istieren (herauskommen), sub-sistieren (draußen bleiben) und per-sistieren (überzeitlich bestehen) zu können. So gesehen machen die Erfahrungen und Symptome Sinn, denn der Perfektionismus ist

ein Versuch, die Erfahrung zu Ende zu bringen und einen
Punkt der Vollendung zu erreichen, während die körperliche
Anästhesie ein Versuch ist, das Gefühl, vom Atmosphärischen
ergriffen zu sein, wegzuschieben.

Der Kampf gegen die Verunreinigung ist ein Kampf, Grenzen
zu schaffen und sich zu definieren. Die Suche nach Symmetrie, nach dem Sinn der Dinge, nach Ordnung und Kontrolle
ist ein Versuch, das Chaos des Unbestimmten, in dem alles
passieren kann, zu reduzieren. Die Suche nach Sicherheit ist
die Suche nach einer stabilen, vorhersehbaren Welt, in der
man ohne Sorgen sein kann – etymologisch gesehen kommt
se-cure (sicher) vom lateinischen *sine cura*,[44] was »ohne Sorge«
bedeutet –, d.h. ohne dass man ständig ackern muss, um
sie absichern zu können. Derartige Bemühungen bringen Erleichterung, da sie Teil eines Kampfes sind, der nicht verloren
ist, obwohl er sich auch nie gewinnen lässt, wie das Wasser aus
einem leckenden Boot zu schöpfen, und das Drama, das die
Person durchmacht, auszuagieren. Dies ist ein grundlegendes
Bedürfnis in jedem psychopathologischen Bereich, denn
nur durch das Ausagieren des Leidens – es im Hier und Jetzt
zu verwirklichen – kann das Leiden einen Beziehungsraum
finden, in dem es sich transformieren lässt.[45]

Aus dieser Perspektive sind Zwangssymptome nicht etwas,
das eliminiert werden muss, vielmehr ein Ausdruck kreativer
Anpassung, die den Patienten davor bewahrt, sich in einer
psychotischen Welt ohne Grenzen zu verlieren. Hier können
wir eine durch andere Autoren[46] hervorgehobene Kontiguität
zwischen zwanghaften und psychotischen Erfahrungen zugrunde legen. Ein solcher Ansatz unterscheidet sich sehr von

---

44 Eine andere Rückführung ist die auf gleichbedeutend *sed cura* oder *se cura*.
Auch das deutsche »sicher« hat diese Etymologie, freilich erheblich indirekter.
Im Deutschen wie im Lateinischen entstammt das Wort der Rechtssprache und
bedeutet ursprünglich »ohne Haftung, ohne Schuld«. [Anm. d. Ü.]
45 Francesetti, 2015b.
46 Straus, 1948; Stanghellini und Ballerini, 1992.

einem, der Zwangsgedanken als etwas Falsches betrachtet, als etwas, das konfrontiert und überwunden werden müsse. Vielmehr sind solche Gedanken die Art und Weise, wie der Patient einem sensorischen Hintergrund entflieht, der nur Unruhe und Schrecken hervorruft. Es ist genau diese Fähigkeit, den herkulischen Sprung vom Schrecken der Sinne in eine, wenn auch nur vorübergehend, kontrollierbare rückbezügliche, logisch-mathematische Welt zu machen, die den Patienten vor einem viel größeren Schrecken bewahrt. Es ist jedoch ein Sprung, der in jedem Augenblick zu wiederholen ist – »Ungesichert in den Seilen hängend, halten wir uns an Fixierungen.«

III.3 Exzess der Wahrnehmung: Der Teufel im Detail

Eine solche Analyse hilft uns auch, das Gefühl der Distanz zu beleuchten, das die an Zwangsgedanken Leidenden gegenüber den Sinnen und dem Körper empfinden. In solch einer Lage entspringt das tiefe Gefühl tatsächlich der Quelle eines undefinierbaren Schreckens – atmosphärisch, grenzenlos und nicht vorherzusehen. Mit den Worten eines Patienten: »Jeden Tag, jede Minute verwandle ich Schrecken in Angst. Meine Füße aber stecken immer im Schrecken fest.« Der Bezug auf die Füße ist nicht zufällig. »Ich habe kalte Füße«, ist eine Art zu sagen, dass man Angst habe; und Kinder rollen sich, wenn sie verängstigt sind und keinen körperlichen Halt bekommen, zusammen, heben ihre Füße vom Boden ab oder halten sie im Arm. Der Sprung aus den Vorgestalten heraus ist ein Sprung aus dem Bereich des ästhetischen (pathischen) Gefühls hinein in den gedanklichen, logisch-mathematischen und sprachlichen Bereich, wo der Patient in der Schwebe hängt zwischen zwei Welten; dabei schafft er es, sich nicht jenseits der Säulen des Herkules zu verirren (und rettet sich so vor der Psychose), ist aber nicht in der Lage, stabil in der differenzierten und eindeutigen Welt zu bleiben. Da es sich um einen Sprung handelt, der ihn immer an dieselbe Stelle führt, und nicht um einen Prozess, der ihn vorwärts bringt, müsste er, um dauerhaft zu bleiben, seine Brücken zur sinnlichen Welt endgültig kappen. Gelänge ihm das, könnte eine schwerwiegendere andere Form des Leidens entstehen, wie z.B. eine Form der Soziopathie. In diesem Fall würde seine Desensibilisierung ihm nicht mehr erlauben, seinen Schrecken und seinen Schmerz zu fühlen, und er bräuchte den Körper einer anderen Person, um das Drama auszuagieren, die Erfahrung einer anderen Person, eines Opfers, um das Leiden, das er nicht mehr fühlen kann, entstehen zu lassen.[47] Auf diese Weise können wir die Worte eines meiner Patienten verstehen, einer Person, die manchmal gefährlich gewalttätig sein konnte. In einem Moment intensiver Emotionen sagte er:

»Ich kann ein Engel des Lichts oder ein Engel der Dunkelheit sein. Wenn ich mich von meinen Gefühlen löse, kann ich alles tun und mich dabei rechtschaffen fühlen. Nichts kann mich aufhalten, außer einer Rückkehr zu meinen Gefühlen und zu meinem Schmerz.«

Bei Menschen, die unter Zwangsgedanken leiden, erreicht die Desensibilisierung diesen Punkt nicht. Was der Patient erlebt und was seine Zwänge erzeugt, ist ein Phänomen, das wir als »Exzess der Wahrnehmung« bezeichnen können. Trotz aller Bemühungen ist die Person mit Zwangsgedanken nicht in der Lage, den Sprung jenseits des Gefühls zu vollziehen, jenseits eines atmosphärischen Gefühls, das nie vollständig erfasst werden kann, mit dem sie aber in irgendeiner Weise in Kon-

---

47 Francesetti, 2012.

takt bleibt. Eine Atmosphäre ist nie vollständig auf ein Objekt reduzierbar, das weggeschoben werden kann; etwas entzieht sich uns immer, wie eine Flüssigkeit. Gefühl kann nie vollständig erfasst oder durch Sprache umschrieben werden. Sprache und Sinnesempfindung sind unverträglich.[48] In der Geometrie sind zwei Größen oder Zahlen unverträglich, wenn ihr Verhältnis einen Rest erzeugt. Unverträglichkeit bedeutet nicht Unaussprechlichkeit; die Sinnesempfindung ist aussprechbar, aber es bleibt ein unaussprechlicher Rest. Dieser Rest lässt einen unerschöpflichen Spielraum zur Wiederholung, wie Annäherungen an das Unendliche, wie der Wert von Pi, der unendlich ist und nach dem Komma mit grenzenloser Variation weitergeht. Die Sprache drückt das Sinnesempfinden in einer ungefähren Weise aus, d.h. mit einem »Rest«. Wie Lynne Jacobs betonte,[49] ist das Ungefähre in der Therapie wertvoll, weil es einen Prozess des Sichannäherns an ein Gefühl aufzeigt, der die Menschen davon befreit, das exakte Wort finden zu müssen, mit dem das Gefühl erzeugt wird. Der Prozess des Sichannäherns hält den Dialog und das Gespräch ständig offen. Die Sprache mit ihrer Subjekt-Prädikat-Objekt-Struktur ist geeignet, Erfahrungen auszudrücken, nachdem eine Subjekt-Objekt-Trennung bereits stattgefunden hat. Die Universalgrammatik[50] dient dazu, die sinnvolle, natürliche Welt von Subjekten und Objekten, die bereits getrennt sind – die Welt der aristotelischen Logik –, vollständig auszudrücken. Um die Erfahrung *vor* dieser Trennung – jenseits der Säulen des Herkules, in der Welt der Vorgestalten und des Atmosphärischen – auszudrücken, werden andere Sprachen benötigt. Goodman schlägt Poesie vor.[51] Oder »Wahnsinn«, ein unglücklicher Stiefbruder der

48 Mazzeo, 2013.
49 Eine mündliche Mitteilung auf der AAGT Conference, Asilomar (CA, USA), am 5. September 2014.
50 Chomsky, 1957.
51 Perls, Hefferline und Goodman, 1951; Vázquez Bandín, 2014.

Poesie.[52] Lebendige Sprache, poetische Sprache, die uns berührt und die in der Lage ist, einen körperlichen Akkord zu treffen, nähert sich der sinnlichen Erfahrung an und trägt gleichzeitig den Duft dessen in sich, was noch zu sagen bliebe. Es ist eine Sprache, die sowohl trifft als auch verfehlt, aber auch das, was fehlt, spricht laut – ja, es ist das, was fehlt, das der Sprache ermöglicht, lebendig, verzaubert und bezaubernd zu sein, statt tot und perfekt.[53]

Der atmosphärische Überschuss der Sinnesempfindung oder der Überschuss an Wahrgenommenem ist der Dämon, den die Person mit Zwangsgedanken nicht abschalten kann – Dinge, die sich nicht zusammenreimen (oder die einen Rest hinterlassen!), die Mikrobe, die das Antiseptikum überlebt, das impulsive Gefühl, das sich weigert, vorbeizugehen, das Bild, das sich nicht gerade hängen lässt, das Staubkorn auf dem Tisch … der Teufel der Zwangsgedanken liegt in diesen Details, die das Unaufhörliche darstellen und den an Zwangsgedanken Leidenden vor der Narkose der Soziopathie bewahren. Das Ungefähre ist für den an Zwangsgedanken Leidenden unerträglich, weil es einen Rest hinterlässt, der sich weigert, zu verschwinden, und dadurch keine Vervollständigung und kein In-Ruhe-Lassen zulässt. Dies gibt uns einen zusätzlichen Einblick in zwanghafte Rituale als Versuche, den Überschuss an Wahrgenommenem, den – glücklicherweise – keine mathematische oder sprachliche Logik jemals auf Null reduzieren kann, zu reduzieren und gar ganz auszulöschen. Aber die zwanghaften Rituale bringen nur vorübergehende Erleichterung. Im Gegensatz zu den Spielen, bei denen der Ausgang ungewiss ist, wissen wir bei Ritualen, wie die Dinge enden werden; es ist vorhersehbar und vermittelt ein Gefühl der Kontrolle. Und Rituale sind

52 Clemens Brentano, zitiert bei Béguin, 1939. [»Der Wahnsinn ist mir wie der unglückliche Bruder der Poesie«, Brentano in *Godwi* (1801). Bei Béguin nicht gefunden. Französisch *la folie* und italienisch *la follia* ist feminin. In Francesettis englischer Fassung *stepsister*. Eine bemerkenswerte Metamorphose. Anm. d. Ü.]
53 Loewald, 1989; Mitchell, 2000.

ein kulturell akzeptiertes Mittel, um das Atmosphärische in Schach zu halten, ihm eine Form zu geben und eine Erinnerung aufzubauen. Denken Sie daran, wie Rituale uns in Zeiten großer atmosphärischer Aufladung unterstützen, wenn sie dem individuellen Erleben eine gesellschaftlich akzeptierte Form geben und gleichzeitig eine Verbindung auf der Beziehungsebene sicherstellen – im Fall eines Todes zum Beispiel, einem Ereignis des Exzesses schlechthin, bei dem sich Zeit und Raum auflösen,[54] gibt das Ritual dem individuellen Erleben eine Form, während es uns erlaubt, in der gemeinsamen sozialen Welt zu verbleiben. Menschen mit Zwangsgedanken hingegen nutzen diese Form der Anpassung an den Schrecken durch Rituale, ohne sie mit anderen zu teilen und damit ohne die Einsamkeit zu lindern, die ihrem Schrecken zugrunde liegt – sodass es ihnen nicht gelingt, den Exzess der Wahrnehmung auszulöschen, der sie letztlich an die Welt des Lebens bindet.

III.4 Ein schwerwiegendes Problem: Springen differenziert nicht

Eines der Hauptprobleme bei den zwanghaften Anpassungen lautet, dass die Herkulessprünge kein Prozess der Differenzierung und der Schaffung von Grenzen sind. Sie versuchen nur, sich durch eine starke Bewegung von den körperlichen Empfindungen zu distanzieren, damit sie auf diese Weise einen sichereren Ort in der Dimension der Gedanken und zwanghaften Verhaltensweisen erreichen. Es gibt nicht den Prozess der Schaffung definierter Objekte und klarer Grenzen zwischen dem Selbst und der Welt; dieser Mangel an Differenzierung erzeugt das Gefühl, eingequetscht zu sein, belagert zu

54 »Regelwidrig umhüllt Luft den Toten / fetzt den Riss ins Netz / das Hier mit Jetzt verknüpft.« (Mariangela Gualtieri, 2010, S. 50: »Irregolare era l'aria intorno al morto / di smagliatura e strappo nella rete / che tiene saldo il qui con l'ora.«)

werden, und das Bedürfnis nach Abstand, die Angst vor Kontamination, den unaufhörlichen Versuch, von der pathischen Ebene der Erfahrung wegzukommen. Es handelt sich um einen Sprung aus dem Undifferenzierten heraus, aber nicht in einen Prozess der Differenzierung hinein. Der Patient befindet sich also in einer Art paradoxem Zustand, in dem er gleichzeitig allein bleibt, mithin stützender Nähe bedarf, und undifferenziert ist, mithin Distanz sucht.

Dies impliziert, dass es zwei verschiedene und scheinbar gegensätzliche Bedürfnisse gibt: das Bedürfnis, durch die Anwesenheit des Anderen Unterstützung zu finden, und das Bedürfnis, sich vom Anderen zu unterscheiden. Diese beiden Bedürfnisse und Kräfte, die sich in das Feld bewegen, als Polaritäten zu betrachten, ist für den Therapeuten nicht förderlich und kann zu therapeutischen Fehlern führen: Wenn man sie als entgegengesetzte Bedürfnisse betrachtet, könnte der Therapeut versucht sein, die Differenzierung zu unterstützen, wobei er den Patienten im Stich lassen würde, und in diesem Fall wird der Schrecken der Einsamkeit zunehmen; oder andererseits könnte der Therapeut versucht sein, eine Nähe herbeizuführen, wobei er undifferenzierte Intimität schafft, und in diesem Fall wird der Schrecken der Undifferenziertheit zunehmen. Die beiden Bedürfnisse stellen aber keine Polaritäten dar: Die Richtung geht vielmehr dahin, mit therapeutischer Präsenz Grenzen zu schaffen.

Die Grenze ist gleichzeitig das Trennende und das Verbindende.[55] Die Grenze ist der Ort, an dem sich die beiden Bedürfnisse treffen: Im Prozess der Grenzziehung sind Verbindung und Abgrenzung untrennbar. Dies geschieht, wenn der Therapeut auf einer gefühlsmäßigen Ebene präsent sein kann und in seiner Wahrnehmung nach klaren Grenzen sucht. Gefühlsmäßig mitschwingend und abgrenzend zu sein, ist das Ziel der

---

55 Perls, Hefferline und Goodman, 1951.

Modulation der therapeutischen Präsenz, wie wir sie später beschreiben werden. Die Abgrenzung ist ein Prozess, der sich auf vielen Ebenen abspielt: die Ausdifferenzierung der sinnlichen, erregenden, gefühlsmäßigen und biographischen Erfahrungen des Patienten. Während der Patient von der Bewegung ergriffen ist, die pathische Dimension der Erfahrung zu entkörperlichen, so dass er nichts als den Schrecken fühlen kann, moduliert der Therapeut seine Erfahrung, um das zu fühlen, was undefiniert, ungeformt, unausgedrückt, unsagbar im Feld auftaucht. Schrittweise verleiht der Therapeut den auftauchenden Empfindungen, Erregungen, Gefühlen eine Gestalt und eine Formulierung in Verbindung mit der gegenwärtigen Situation, mit der Biographie des Patienten, mit dem weiteren familiären und sozialen Kontext, mit den Veränderungsprozessen und Entwicklungen, die sich aus den zwanghaften Anpassungen kreativ ergeben.

Der Therapeut ist der einzige, der, zumindest anfangs, in der entstehenden pathischen Dimension verweilen kann, denn sie ist eine Landschaft voller Schrecken, und indem er dort bleibt, können Patient und Therapeut kleine Schritte in Richtung des Lichts der Differenzierung und Bedeutung tun. Dort zu sein, sich nicht von der aufsteigenden Strömung, die in diesem Feld vorhanden ist, mitreißen zu lassen, nicht zu desensibilisieren und sich zurückzuziehen, und zu fühlen, zu erkennen, zu benennen, Sinn zu geben, ist die zentrale Aufgabe der Präsenz des Therapeuten.

Durch diesen Prozess nimmt der Schrecken langsam ab: die Landschaft voller Monster jenseits der Säulen des Herkules wird von einem menschlichen Wesen bewohnt, welches diese schrecklichen Ängste verkörpern, durchleben und überleben kann. Allmählich wird der Patient dort eine Co-Präsenz spüren, dieses »dort« wird heller, es ist möglich, etwas Sinnvolles zu sehen, und er kann anfangen zu atmen. Wenn wir sehen können, dass wir eine gewisse Distanz erreicht haben, beginnen undifferenzierte Gefühle zu Formen, Geschichten, Objekten zu werden, und wir können anfangen, mit ihnen umzugehen, ohne dass wir als einzige Option haben, wegzulaufen, so schnell und so weit wie möglich.

IV. In welcher Art Existenz entsteht zwanghafte Anpassung?

In diesem Abschnitt betreten wir ein erkenntnistheoretisch schlüpfriges Terrain, auf dem die Gefahr des Reduktionismus groß ist und man bedenken muss, dass alles, was wir formulieren können, Hypothesen sind. Hier geht es um die Frage nach der Ätiologie, also nach den Ursachen des Leidens. Wenn man sich auf diesen Weg begibt, sollte man sich daran erinnern, dass die Ursachen der Störung gegenwärtig nicht bekannt sind, und diese Lücke in unserem Wissen kann paradoxerweise eine Quelle der Unterstützung für den Therapeuten sein. Mit Gewahrsein in die Lücke zu treten, das hilft dem Therapeuten, offen und neugierig zu sein und eine gemeinsame und einzigartige Erzählung für den Patienten zu suchen, die seinem Leiden einen Sinn gibt. Hier ist das Nichtwissen der Schlüssel zum Suchen und zur Einzigartigkeit.

In der Psychopathologie ist es immer notwendig, die Logik der einfachen und reduktionistischen Kausalität beiseite zu legen. Was wir im Allgemeinen wissen, ist, dass jeder Fall von Leiden seine eigenen komplexen und nicht-reduzierbaren Wurzeln hat. Die Position, die ich innerhalb dieser Komplexität einnehme, basiert auf zwei Annahmen:

1. dass jeder Fall von Leiden einen Sinn habe;[56] und

2. dass Leiden in einem Feld von Beziehungen entstehe, das in der therapeutischen Begegnung ausagiert wird.[57]

56 Borgna, 1989.
57 Francesetti, 2015b; 2016a; 2016b; Spagnuolo Lobb, 2013b.

Lasst uns das Feld von jeder biologischen Ätiologie frei halten. Die Tatsache, dass eine Behandlung mit serotonergen Antidepressiva die Symptome der Zwangsgedanken lindern kann, impliziert nicht, dass ein Mangel an Serotonin eine Ursache der Störung ist; wenn überhaupt, dann kann er mit der Pathogenese in Verbindung gebracht werden. Wir befinden uns also in einem pathogenetischen, nicht in einem ätiologischen Bereich. Die medikamentöse Therapie ist in der klinischen Praxis wichtig, wenn sie die Symptome lindern kann, vorausgesetzt, sie bleibt nicht dabei stehen und es wird versucht, dem Leiden einen Sinn zu geben. Es kann nicht ausgeschlossen werden, dass genetische oder epigenetische Elemente oder, allgemeiner, biologische Faktoren am Ursprung der Störung beteiligt sind,[58] da es keine eindeutigen Daten gibt;[59] in jedem Fall aber macht das Vorhandensein biologischer Komponenten die Suche nach Sinn nicht überflüssig.

Anstatt sich in der Psychopathologie auf die Kausalität zu konzentrieren, was zu Reduktionismus und Verallgemeinerung neigt, kann man sich auf das Konzept der Lebenswege stützen, das eine stärkere Betonung der Singularität, der Einzigartigkeit und des Kontextes gewährleistet. Mit Blick auf solche Lebenswege hat die Psychodynamik eine Fixierung im analen Stadium und in ödipale Konflikte bei die Entwicklung der Zwangsstörung verortet.[60] Eine Perspektive, die der unseren näher liegt, ist die der intersubjektiven Psychoanalyse, die die Störung in den Begriffen intersubjektiver Felder untersucht hat.[61] Der kognitive Ansatz hat viel Literatur hervorgebracht,[62] mit der wir an vielen Punkten nicht übereinstimmen, da wir die Perspektive ablehnen, dass Zwangsgedanken ursprünglich auf gedanklicher Ebene verursacht werden; viel-

58 Bottaccioli, 2014; Spagnuolo Lobb und Francesetti, 2015; Spector, 2012.
59 Castonguay und Oltmanns, 2013.
60 Gabbard, 1994; Straus, 1948.
61 Stolorow, Brandchaft, Atwood et al., 1999.
62 Beck, 1976; Frost und Steketee, 2002; Clark, 2004.

mehr ist aus unserer Sicht die zwanghafte Bindung an einen Gedanken eine kreative Anpassung, um sich von störenden und erschreckenden Sinnesempfindungen zu distanzieren.

Um uns in den Lebenswegen zurechtzufinden, die zu zwanghaftem Leiden führen, lassen Sie uns von zwei phänomenalen Daten ausgehen, die offensichtlich zu sein scheinen. Der erste ist, dass der emotionale Grund von Patienten, die an Zwangsgedanken leiden, der des Schreckens ist.[63] Das zweite zeigt sich in der Therapie, wo der Patient die Möglichkeit, dass sein Schrecken in der Beziehung Erleichterung finden kann, nicht zu erkennen scheint. Wenn er Angst empfindet, sieht er keinen Trost in der Beziehung. Wieder einmal drückt Marcoaldis einfühlsames und erschreckendes Gedicht dieses Element aus: »Was meinst du? Dass ich, wenn ich dich ganz fest drücke, mehr Aussicht habe, dem Biss des Todes zu entrinnen?«[64]

Diese Frage kann typischerweise in einem Feld der Zwangsgedanken auftauchen. Offensichtlich ist die Antwort »Nein«: Eine Umarmung wird den Tod nicht abwehren. Aber diejenigen, die eine solche Frage stellen, wissen offensichtlich nicht, dass eine Umarmung die Angst vor dem Tod abwehren kann. Wer unter Zwangsgedanken leidet, weiß nichts von der beruhigenden Kraft einer Umarmung, von körperlicher Nähe, von Trost in der Beziehung – etymologisch gesehen bedeutet Trost »festes Bündnis«.[65] Hier finden wir einen zentralen Kern dieser Erfahrung: die Einsamkeit des Schreckens. Die Zwangspatienten sind allein, aber in gewissem Sinne liegt das

63 Salonia, 2013; Stanghellini und Ballerini, 1992; Muscelli und Stanghellini, 2008; Calvi, 1996.

64 Marcoaldi, 2008, S. 61: »Che dici? Se ti abbraccio forte forte / ho qualche chance in più di scampare alla morte?«

65 Der gemeingermanische Ursprung von »Trost« hat eine enge Beziehung zu trauen, treu und Teer mit den Bedeutungen von »hart, fest, treu, Bündnis« usw. Das Wort ist schon im Althochdeutschen als Übersetzung des lateinischen Begriffs *consolatio* (Zuspruch, seelische Stärkung) benutzt worden. Der Verweis des Autors geht auf das englische *comfort*, das aus lateinisch *com*- bzw. *con*- (zusammen) und *fortis* (stark, kräftig, fest) entstanden ist. [Anm. d. Ü.]

außerhalb ihres Gewahrseins, da ihnen verborgen bleibt, dass es so nicht sein muss; denn sie verfügen über keine Referenzerfahrungen, die sie nach Anderen sich sehnen und nach ihnen rufen lassen. Vielmehr treibt sie, wie wir gesehen haben, die Struktur ihrer Erfahrung dazu, Erleichterung in Distanz zu suchen, aber es fehlt der Raum, um sich distanziert zu fühlen; und daher kann der Wunsch nach Nähe, der ein Gefühl der Distanz voraussetzt, nicht aufkommen. Außerdem ist ihre Erfahrung eine der Not – es ist schwer, das wackelige Gerüst loszulassen, das einen vor dem Abgrund rettet, um die Hand von jemandem zu ergreifen. Es ist wie bei jemandem, der eine Felswand erklimmt, über der Leere schwebt und sich ohne Sicherungsseil an Griffe klammert. Er lässt nicht los und ergreift die Hand eines Anderen, auch wenn man ihn dazu auffordert.[66] Bei einer solchen Erfahrung sind der Schrecken und das Misstrauen, mit dem wir konfrontiert werden, so stark, dass wir denken, die Hand des Anderen habe uns bereits verraten, der Andere sei bereits weg.

Man kann leicht Geschichten finden, in denen Unterstützung durch Beziehung, die durch gefühlsmäßige und körperliche Nähe entsteht, gefehlt hat. In den Worten von einem weiteren Patienten:

»Die ganze Kindheit hindurch wuchs ich in einem Haus ohne Wände auf, das Stürmen aller Art ausgesetzt war; Ausbrüche von unvorhersehbarer Wut erschütterten das Haus heftig und die Kälte lähmte alles. Nur meine Einsamkeit, zusammengerollt in einer versteckten Ecke, ermöglichte es mir zu atmen, während ich zitterte. Nur meine Einsamkeit gab mir Trost. Ich begann, mich durch die riesige Bibliothek des Hauses hindurch zu lesen, ein Buch nach dem anderen, von der linken unteren Ecke an, immer der Reihe nach. Von der *Allgemeinen*

---

66 Salonia, 2013.

Relativitätstheorie über *Die Kartause von Parma* bis zu den Werken des Marquis de Sade. Sich auf die Worte zu konzentrieren, die dort geschrieben standen, egal ob ich sie verstand oder nicht, oder zu zählen, wie viele Bücher der gleichen Farbe in den Regalen standen, oder wie viele blaue Bücher zwischen zwei gelben, half mir, das Geschrei, das von unten kam, zu ignorieren und zu vergessen.«

Hier skizzieren wir die möglichen Erzählungen, in denen der Andere angesichts des Schreckens und der Ungewissheit des Lebens versagte, Halt zu geben; wir werden damit aber nicht fortfahren, um eine Stereotypisierung und Kristallisierung der Erfahrung zu vermeiden. Stattdessen wollen wir es bei den beiden offensichtlichen Phänomenen belassen, die identifiziert wurden: Schrecken und Schwierigkeit, die haltgebende Kraft der Beziehung zu verstehen. Diese Phänomene unterstreichen ein Element der Zwangsstörung, das in der Literatur selten hervorgehoben wird, nämlich die Einsamkeit der Erlebnisse des Zwangs. In dieser Hinsicht ist es interessant, eine Beobachtung heranzuziehen, die aus der Pharmakologie in der klinischen Praxis stammt. Die Menschen, die am besten auf Antidepressiva ansprechen, sind diejenigen, die unter Depressionen, Panikattacken und Zwangsstörungen leiden. Aus phänomenologischer und gestalttherapeutischer Sicht bildet die Erfahrung von Einsamkeit den Hintergrund all dieser Betroffenen.[67] Die Wirkung jener Kategorie von Medikamenten besteht meiner Vermutung zufolge darin, das Bedürfnis nach dem Anderen zu mindern; und daher erweist sie sich bei den Störungen, die in der Abwesenheit des Anderen wurzeln, als besonders wirksam. Dies würde auch helfen, den wachsenden Konsum von Antidepressiva in der Gesellschaft zu erklären,

---

67 Bei jeder Art von Leiden gestaltet diese Erfahrung der Einsamkeit sich anders, siehe Francesetti, 2007; 2013; 2015a; Francesetti und Gecele, 2011.

ein Wachstum, das fast exponentiell ist.[68] Eine Gesellschaft, die die Legitimität des Bedürfnisses nach dem Anderen leugnet, wird unweigerlich Störungen hervorbringen, die in der Einsamkeit wurzeln, und Therapien produzieren, die dieses Bedürfnis betäuben.

Zusammenfassend lässt sich sagen, dass wir zwar in der Lage sind, die spezifische Form der Störung zu beschreiben (Pathogenese, vgl. § III); wir können und wollen die Zwangsstörung aber nicht auf spezifische Ursachen reduzieren. Wir können nur die Hypothese aufstellen, dass existenzielle Erfahrungen diese Form des Leidens prägen, die durch die Exposition gegenüber dem Schrecken gekennzeichnet sind, ohne einen ausreichenden Halt durch Beziehung. Dieser Mangel an haltgebender Unterstützung bleibt zurück als Erinnerung an die Unmöglichkeit, der Umwelt zu trauen und sich auf sie zu verlassen. Therapie bietet eine neue Erfahrung, in der Halt und Vertrauen gefühlt werden können. Ich sehe das nicht als einen »Reparaturbetrieb«, da das, was verpasst wurde, nicht ersetzt werden kann: im therapeutischen Moment taucht die Erkenntnis der Möglichkeit von Halt mit dem Schmerz dessen auf, was gefehlt hat, und dieser Schmerz bleibt für immer (wenn auch in anderer Form). Aber eine neue Erfahrung des Halts, die Möglichkeiten für das Atmen und das Sein in der Welt eröffnet, ist möglich.[69]

---

68 Whitaker, 2010.

69 Andere Autoren gehen noch weiter und behaupten, Zwang und Rituale würden verursacht durch die Verdrängung von etwas Gefühltem oder Getanem, das nicht hätte gefühlt oder getan werden dürfen (Salonia, 2013); oder sie begreifen die Störung als Ergebnis von Introjekten, die den Patienten zwingen, nach einem perfektionistischen Ideal zu handeln (Dreitzel, 2010; 2013). Dies sind sicherlich alles Varianten, denen wir in der klinischen Praxis begegnen; aufgrund der von mir vorgestellten Analyse glaube ich freilich nicht, dass sie ein Strukturelement darstellen, welches einen gemeinsamen Nenner für die Erfahrung von Zwangsgedanken oder Zwangshandlungen liefern kann.

V. Wie das zwanghafte Feld
im Hier und Jetzt der Therapiesitzung entsteht

Wenn wir in der Therapie einer Person begegnen, die unter Zwangsgedanken leidet, aktualisieren wir gemeinsam ein phänomenales Feld,[70] das das Leiden ausagiert. Wie ich an anderer Stelle beschrieben habe,[71] beinhaltet »Ausagieren« nichts Künstliches, sondern bezieht sich speziell auf die Aktualisierung eines Feldes zwischen uns und um uns herum, das die Ek-stase[72] lebendiger Körper in der gegenwärtigen Situation ist. Was dabei entsteht, ist etwas Reales – das phänomenale Feld – und ästhetisch wahrnehmbar[73] als eine Atmosphäre, eine Beinahe-Entität, die weder ausschließlich objektiv noch ausschließlich subjektiv ist. Es ist das Heraustreten, das Ex-istieren[74] eines Felds, das zugleich die Abwesenheiten an der Kontaktgrenze (d.h. das Leiden) aktualisiert und die Anwesenheit (d.h. die Möglichkeit einer Transformation und Präsenz) einfordert. Der Grad von Anwesenheit und Abwesenheit nimmt Gestalt an durch die Art und Weise, wie jeder von uns in der Therapiesitzung an der Kontaktgrenze verweilt; es ist die Ekstase unserer Körper und der Situation. Ein psychopathologisches Feld hält die Abwesenheiten an der

70 Für die Definition eines phänomenalen, phänomenologischen sowie psychopathologischen Feldes vgl. Francesetti, 2019.
71 Francesetti, 2016b.
72 Der Autor fügt den Trennstrich ein, um auf die Etymologie aufmerksam zu machen: *ek* [εκ] bedeutet griechisch »(her)aus«, *stase* [»stasis«, στασις] (stehen): außer-sich-sein. [Anm. d. Ü.]
73 Streng genommen handelt es sich bei »ästhetisch wahrnehmbar« um einen Pleonasmus, denn etymologisch bedeutet *aisthetikos* [αἰσθητός] »das die Wahrnehmung Betreffende«. Geschichtlich vorübergehend auf den Schönheitssinn reduziert, könnte man heute von Ästhetik als der Selbstreflexion auf das Wahrgenommene sprechen. [Anm. d. Ü.]
74 Der Trennstrich des Autors verweist auf den selten erwähnten griechischen Ursprung des Wortes hin, der dem von Ekstase ähnlich ist. Meist wird nur die lateinische Herkunft behandelt, wo das Wort schon einen abstrakten Sinn angenommen hatte und gleichsam unsinnig geworden war. [Anm. d. U.]

Kontaktgrenze, die auf die Anwesenheit des Anderen warten, um sich in Schmerz und Schönheit zu verwandeln.[75]

Was sind die Merkmale eines zwanghaften Feldes? Obwohl sie bei jeder Begegnung und damit bei jedem Patienten, jedem Therapeuten und jeder Sitzung anders sind, gibt es bestimmte Merkmale, die überall, wenn auch auf unterschiedliche Weise zu finden sind (sofern es stimmt, dass alles Zwangsleiden einer gemeinsamen Erfahrungsgrundlage entspringt). Die Erfahrungen, die ich beschreibe, sind ein Ausdruck der Themen, die im Feld zirkulieren und mal mehr vom Patienten, mal mehr vom Therapeuten empfunden werden können. Sie werden gemeinsam erschaffen.

Bei der Therapie habe ich in einem solchen Feld vielleicht das Gefühl, dass ich vorsichtig vorgehen muss, oft begleitet von dem Gefühl, dass ich kurz davor bin, irgendeinen Fehler zu begehen, ohne wirklich zu verstehen, warum, aber mit dem Eindruck, dass ich sorgfältig kontrollieren muss, was ich tue. Ich lerne, dass manche Worte verboten sind – Schrecken zum Beispiel. Oder gewisse Gesten, wie dem Patienten zur Begrüßung die Hand zu schütteln oder mich ihm manchmal über eine bestimmte Grenze hinaus zu nähern. Bei der Selbstkontrolle spannt mein Körper sich an und versteift sich, mein Atem wird unmerklich kürzer. Ohne es zu merken, löse ich mich vom Stuhl und hebe den Schwerpunkt meines Körpers leicht an. Die Empfindsamkeit nimmt ab und die Luft wird steril. Manchmal überprüfe ich vor der Sitzung, ob der Raum aufgeräumt ist oder ob die Sessel in ausreichendem Abstand zueinander stehen. Manchmal habe ich sogar das Gefühl, dass ich mir wünsche, der Raum wäre größer, oder ich habe das Gefühl, dass der Patient dies vorziehen würde. Ich fühle mich weniger in Kontakt mit meinem Körper als solchem, ein bisschen körperlos. Die körperliche Präsenz kann fast zu etwas

75 Francesetti, 2012.

Anrüchigem oder gar Überflüssigem werden – ›Was hat der
Körper damit zu tun? Wir reden hier über psychisches Leiden,
über unbändige Gedanken! Ich schwebe über der Leere und
du sagst mir, ich soll atmen? Natürlich atme ich, das ist nicht
der Punkt! Wie soll das helfen?‹ Manchmal gibt es ein Gefühl
der Not, als stünde ich mit dem Rücken an die Wand, ohne
Ausweg, und ich habe den Eindruck, jetzt sei eine Antwort
fällig, eine endgültige, entschlossene Antwort. In solchen
Momenten zieht der Raum sich zusammen; ich kann nicht
atmen. Ich fühle mich belagert – was für eine Erleichterung,
wenn die Sitzung vorbei ist! Es kann passieren, dass ich mich
zum Labern hingezogen fühle, zum Debattieren, zum
Schwadronieren, zum Auflisten, zur reinen und formalen
Logik. Die Zeit neigt dazu, mit gleichmäßiger Geschwindig-
keit zu fließen, ohne ein Crescendo zu erreichen, das irgendwo
hinführt, zu einem Punkt, an dem ich mit einem Gefühl der
Vollendung sagen kann: ›Heute bin ich so weit gekommen!‹
Das kann es ziemlich schwer machen, die Therapiesitzung zu
Ende zu bringen, als ob etwas fehlt und ewig dauert. Die Luft
neigt dazu, kalt und scharfkantig zu sein, selten von affektiven
Aufwallungen bewegt, absorbiert, als ob wir uns bei der Ver-
folgung von etwas befinden, das wir nie greifen können. Die
Lichtung, die jede therapeutische Begegnung zu öffnen versucht, ist nie weit genug, oder bequem und gemütlich, warm
und gehaltvoll, gastfreundlich und sicher. Es gibt keinen
Ruheplatz. Was für eine Überraschung ist es, wenn ich den
Raum und die Kühnheit finde, dem Aufwallen meiner Gefühle Würde zu verleihen, mit meiner Seele in Berührung zu
kommen, wenn sie durch den Kontakt mit diesem leidenden
Menschen erwärmt wird. (An dieser Stelle habe ich das Gefühl, ich hätte zu erklären, was ich mit »Seele« meine, aber das
ist wahrscheinlich die Wirkung der »Spannungssteigerung«,
die in dem zwanghaften Feld vorhanden ist, das ich, während
ich schreibe, aktualisiere.) Der Andere mag sich mir entziehen

– es ist leicht, sich von den Details oder der Dringlichkeit der Symptome blenden zu lassen, aber schwer, den Körper nicht aus den Augen zu verlieren, der vibriert und leidet, der sich bemerkbar macht und das Herz berührt. Manchmal gibt es das Gefühl, als befände der Patient sich auf der Gegenseite eines eisernen Vorhangs; zu anderen Zeiten, als könnte ein falsches Wort seine Seele durchbohren und das Fleisch zerreißen. Manchmal fühle ich mich nutzlos, auch als Mensch; ich möchte Trost spenden, aber es scheint alles zu wenig – nicht, weil der Patient nichts erwartet (wie in einem depressiven Bereich), sondern weil ich mich machtlos fühle angesichts der Wiederholung des Symptoms, angesichts der Dringlichkeit des Schreckens, angesichts der Radikalität der Fragen. Ich versuche, etwas zu bewirken, aber oft kann ich es nicht; ich erschöpfe mich. An diesem Punkt verspüre ich den Wunsch, zurückzutreten, und vielleicht trete ich auch zurück. Und da spüre ich den kostbaren Wert eines Gefühls, das sich langsam aber sicher einstellt. Ich spüre den warmen Schmerz, den Patienten allein zu lassen, und der Patient kann an einem bestimmten Punkt spüren, dass die Luft kälter wird, wenn ich mich entferne, und der Schrecken größer. In diesem Augenblick befinden wir uns außerhalb des zwanghaften Feldes. Dank der verkörperten Präsenz schwächt der Schrecken sich ab, und wir können, zumindest für einen Moment, das einsame, wackelige Gerüst loslassen. Die Begegnung ist Ereignis, der Atem Interpunktion, die Lichtung ein Ruheplatz.

VI. Ansätze und Möglichkeiten der Therapie

Therapie mit Zwangskranken ist im Allgemeinen schwierig und frustrierend, sowohl für den Patienten als auch für den Therapeuten. Aber obwohl die langfristigen Ergebnisse ungewiss sein können, ist sie dennoch nützlich. Das NICE stellt

Richtlinien zur Behandlung der Zwangsstörung bereit.[76] Die am umfassendsten überprüften Interventionsmodelle, die auf behavioristischen und kognitivistischen Ansätzen basieren,[77] haben nachweislich dazu beigetragen, die Symptome der Zwangsstörung recht deutlich zu reduzieren, wenn auch oft nicht endgültig. Die Störung ist nämlich häufig chronisch, wobei Perioden des Wohlbefindens sich mit Perioden abwechseln, in denen die Symptome intensiver sind.[78] Es gibt auch Hinweise darauf, dass die Einbeziehung der Familie in die Psychoedukation oder Therapie hilfreich sein kann, da die bloße Anpassung der Umgebung an das von den Zwangsgedanken geforderte Ritual die Situation tendenziell verschlimmert. Lassen Sie uns, ausgehend von einer phänomenologischen und gestalttherapeutischen Erkundung, einige der Möglichkeiten betrachten, die uns in der therapeutischen Arbeit helfen können. Kurz und allgemein ausgedrückt, konzentriert der therapeutische Ansatz sich darauf, das in der Therapiesitzung entstehende phänomenale Feld vollständig spüren zu können, was bedeutet, für die Abwesenheit, die im Feld aktualisiert wird, präsent zu sein und den eigenen Beitrag in dessen gemeinsamer Erschaffung zu begreifen. Dies ist die Schwelle, die die Tür zur Veränderung öffnet. Indem man die eigene Präsenz moduliert, anstatt zu versuchen, den Patienten zu verändern,[79] verändert man das gemeinsam erschaffene Feld, wodurch eine neue Erfahrung und damit zugleich eine neue Erinnerung entsteht. In der therapeutischen Begegnung wird das Leiden aktualisiert und dank der Anwesenheit sowohl des Therapeuten als auch des Patienten verwandelt es

76 National Institute for Health and Care Excellence, NICE. www.nice.org.uk/guidance/CG31/chapter/1-Guidance#steps-35-treatment-options-for-people-with-ocd-or-bdd [Aufgerufen am 27. 04. 2021. Anm. d. Ü.]
77 Abramowitz und Siqueland, 2016; Foa et al., 1999; Beck, 1976; Frost und Steketee, 2002; Clark, 2004.
78 Castonguay und Oltmanns, 2013.
79 Francesetti, 2015b; Francesetti, 2019.

sich, wenn es die Kontaktgrenze erreicht.[80] Dies ist eine gestalttherapeutische Perspektive auf den therapeutischen Prozess, die bei jedem Patienten, unabhängig von seinem Leiden, gültig ist. Für weitere Erkenntnisse hierzu sei auf die zitierten Arbeiten verwiesen. Was aber sind die Themen und Schritte, auf die wir uns konzentrieren sollten, wenn wir uns in einem zwanghaften Feld befinden?

VI. 1 Vom Körper zum Leib:[81]
Die ästhetische Wahrnehmung lebendig halten

Die ästhetische – wahrgenommene – Dimension ist die sinnliche Welt, die Wurzel des Gefühls. In einem zwanghaften Feld neigt die im Feld vorhandene Strömung ständig dazu, uns von dieser Dimension fortzuziehen, und so ist es für den

---

80 Francesetti, 2012; Spagnuolo Lobb, 2013a.

81 [»Körper« und »Leib« deutsch im Original. Erg. d. Ü.] »In the Cartesian world view, the body is reduced to a machine, separate from the world and from the psyche – it is the *Koerper*, as German thinkers have called it, the anatomical-functioning body of medicine (or the athletic or cosmetic body of the consumer society). The lived body (or felt body) – the *Leib* in German (sharing the same etymological root as *love* and *life*) – is the body that we experience in being alive and in contact with the world. The *Koerper* is an entity, the *Leib* is an almost-entity« (Francesetti, 2015b, S. 9). [Die semantische Differenzierung von *Körper* und *Leib* stammt aus der phänomenologischen Tradition der deutschen Philosophie; bei ihrer etymologischen Bewertung wäre allerdings zu differenzieren. »Leib« ist der deutsche Begriff, »Körper« ein lateinisches Lehnwort, das sich im Spätmittelalter gegen den deutschen Begriff durchsetzte. Obgleich »Leib« etymologisch eine enge Verbindung zu »Leben« und »Liebe« hat (engl.: *live*, *love*), ist die Körperlichkeit des Begriffs deutlich in den noch heute üblichen Zusammensetzungen und Redewendungen, wo der sonst altertümlich klingende Begriff weiterhin benutzt wird: »Unterleib« (Bauch), »Leibspeise« (Lieblingsessen), »Leib und Seele zusammenhalten« (Körper und Geist zusammenhalten, meist auf gutes Essen bezogen), »auf den Leib geschneidert« (dem Wesen angepasst), »Leibchen« (ärmelloses Kleidungsstück, Weste, Mieder) oder auch »beleibt« (korpulent). Das lateinische *corpus* meint ebenfalls den lebendigen oder toten Leib einer Person und bezeichnet in einem bloß übertragenen Sinne die räumliche Dimension einer Sache; die mathematisch-naturwissenschaftliche Verwendung des Begriffs kam erst in der Neuzeit auf. Erg. d. Ü.]

[46]

Therapeuten wichtig, darauf zu achten, in einem sensorischen Kontakt mit seinem eigenen belebten Körper (dem Leib) zu bleiben. Dieser Kontakt kann in einem zwanghaften Feld leicht verloren gehen, da die Anspannung dazu führt, dass wir uns verkrampfen und betäuben und uns auf die Gedanken konzentrieren. In einem solchen Feld wird der Leib leicht zum Körper, dem medizinischen, anatomischen und funktionalen Körper, dem Körper, der nicht fühlt und nicht schmeckt. Zur Not werden die Sinne geweckt, um die vorhandenen Gefahren aufzunehmen; Augen, Ohren und Nase werden auf die Umgebung aufmerksam und die Atmung setzt in Erwartung eines Angriffs aus. Die Konzentration auf die ästhetische Wahrnehmung, auf das Körper-, Eigenempfindungs- und Atmosphärengefühl geht verloren; und genau auf diese Konzentration muss der Therapeut besonders achten. Es ist wichtig, dass der Atem fließt, was bedeutet, dass Zeit und Raum in Kontakt bleiben. Dem Atem Fülle zu geben, gibt dem Raum Fülle und hilft, die richtige Distanz herzustellen. Die Fülle des Atemzyklus zu spüren, wenn er abgeschlossen ist, verändert die gleichförmige, lineare Bewegung der Zeit und erzeugt eine aufsteigende und abfallende Bewegung, die einen perfekten Zyklus zur Vollendung, zum Abschluss bringt. Der Kontakt mit dem eigenen gelebten Körper ermöglicht dem Therapeuten auch, Augenblick für Augenblick die »Temperatur« des Kontakts und die Aktualisierung der Atmosphären in der Begegnung zu messen. Die Fähigkeit, Unbestimmtes zu ertragen, das an der Wurzel der Sinne auftaucht, alles zu spüren, was entsteht, ohne sich davor zurückzuziehen, daran zu arbeiten, es zu erkennen, zu formen, zu formulieren, zu benennen, erlaubt es, mit den Erfahrungen des Schreckens in Kontakt zu kommen, die ständig die Zwangsgedanken anheizen. Sie halten den Patienten und in der Therapie den Therapeuten auf Distanz. Die Arbeit ist also immer körperlich in dem Sinne, dass sie im Gewahrsein des Therapeuten verkörpert und präsent ist. Manchmal ist es möglich, diese körperliche Arbeit in den Vordergrund zu bringen und zur Figur werden zu lassen, wenn die Scham, die die Fokussierung auf den Körper oft impliziert, überwunden ist und wenn mit der Zeit eine ausreichend vertrauensvolle Beziehung aufgebaut wurde. Ist dies möglich, macht es die Erfahrung der Körperarbeit wertvoll, da wir die Auswirkungen von Distanz/Nähe erfahren und wie sie sich auf die Erfahrung von Raum, von Grenzen, ihrer Verwischung und Wiederherstellung auswirkt, auf Emotionen, die diese Bewegungen hervorrufen, und auf die Zeitlichkeit in Übungen, wie die einfache Technik der Erdung, bei der der Patient Ermüdung und körperlichen Schmerz und schließlich Erleichterung spürt, was dann das Ende (perfekt!) der Übung signalisiert.

VI.2 Vom Schrecken
zur Eindämmung durch Kontakt

In der Therapie werden nach und nach Erfahrungen des Schreckens auftauchen – ein Schrecken, für den es keine Eindämmung gibt. Ein reiner und grenzenloser Schrecken, der sich nur durch Zwangsgedanken in Schach halten lässt. Ein Schrecken, für den es keine konkrete Antwort gibt. Ein Kind im Alter von etwa zwei Jahren könnte seine Mutter fragen: »Wirst du sterben?« Die Mutter antwortet sofort, indem sie sich dem Kind mit einem Lächeln und einer Umarmung nähert, und wird gewöhnlich etwas über die Zeit sagen, etwas wie: »Aber ich bin noch nicht alt!« Das Kind ist beruhigt und wendet seine Aufmerksamkeit woanders hin. In dieser Sequenz wird der Raum durch eine starke emotionale Resonanz und durch den Körper der Mutter, der die Wärme der Nähe bringt, durchdrungen; die Zeit wird abgegrenzt, um einen Abstand zwischen einem Jetzt, das nahe ist, und einem Dann zu schaffen, einem Dann, was so weit entfernt ist, dass es uns nicht berühren kann (die Grenze ist hier); der Körper beruhigt sich in den Armen der Mutter;[82] die Atmung kehrt zurück, und die Sequenz der Erfahrung ist abgeschlossen. Die Aufmerksamkeit ist frei, sich anderen Dingen zuzuwenden.

Bevor in der Therapie eine solche Sequenz, d. h. der Trost (das starke Miteinander)[83] durch Berührung (nicht unbedingt durch Körperkontakt), entstehen kann, muss erst einmal viel passieren. Der Therapeut muss im Erleben des Zwangsfeldes präsent gewesen sein, ohne sich vor ihm zurückzuziehen und zu betäuben, und ohne überwältigt zu werden, um allmählich für den Patienten sichtbar und verlässlich zu werden. Der Patient kommt auf Marcoaldis Frage zu sprechen: »Wenn ich dich ganz fest drücke, habe ich dann mehr Aussicht, dem Biss des Todes zu entrinnen?«[84] Aber die therapeutische Arbeit zielt, wie ich gesagt habe und wieder sagen werde, nicht darauf ab, den Patienten zu verändern. Die Frage, auf die sich der Therapeut konzentriert, lautet: »Wie gehe ich in der Therapiesitzung und im Leben mit dem existenziellen Schrecken um, der durch den Gedanken an meinen eigenen Tod ausgelöst wird? Und durch den Tod der Menschen, die ich liebe? Welche Gründe haben mich jetzt und in der Vergangenheit unterstützt, die mich befähigen, angesichts solcher Möglichkeiten weiter zu atmen? Wie wird das alles aktualisiert, wenn ich dem Patienten begegne?«

Sich diese Fragen zu stellen und das eigene Erleben dieser Themen authentisch zu erforschen, ermöglicht es uns, in der

---

82 Zu diesem Thema verweist Salonia (2013) richtigerweise auf die glänzende Kurzgeschichte »The Hug« von [David] Grossman. [Dt.: *Die Umarmung*, München 2012. David Grossman ist ein israelischer Autor. In der Kindergeschichte geht es darum, wie ein Junge realisiert, dass es auf der Welt keine zwei gleichen Menschen gibt. Er fühlt sich daraufhin einsam, bis die Mutter ihn in den Arm nimmt. Erg. d. Ü.]

83 Vgl. Anm. 65. [Anm. d. Ü.]

84 Vgl. Anm. 64. [Anm. d. Ü.]

Therapie den Kontakt zu unserer körperlichen und affektiven Präsenz nicht zu verlieren, vielmehr zu spüren, dass das Auftauchen von Schrecken nicht dazu führen wird, dass wir uns dem therapeutischen Kontakt entziehen. Von diesem Boden aus werden sich Antworten auf die drängenden Fragen ergeben, die der Patient dem Therapeuten stellt[85] – Antworten, die nicht auf Beruhigung beruhen, sondern auf der Unterstützung durch die Wahrheit;[86] nicht auf dem Zeigen eines Vertrauens, das wir nicht haben, sondern auf dem Betrachten der Grenzen des Lebens und dem Weiteratmen. In dem gegebenen Beispiel hilft es dem Therapeuten nicht, dem Kind zu versichern, dass nichts passieren wird; in der Tat würde dies das Vertrauensverhältnis untergraben, weil der Therapeut etwas aussagen würde, das er nicht wissen kann. Was stattdessen hilft, ist zu lernen, angesichts der Unberechenbarkeit des Lebens gemeinsam Ruhe zu bewahren, dass das Leben dank unserer Anwesenheit ausreichend *hospitabel* (gastfreundlich) ist – das Wort kommt von *hospes* (Gastgeber) und nicht von *hostis* (Feind).[87] Die Art und Weise, wie dies geschieht, kann nicht als eine Technik wiedergegeben werden. Es ist eine *phrónēsis*,[88] die nur dann entsteht, wenn der Boden des Therapeuten zu diesen Themen vorbereitet ist.[89] Eine zwischenkörperliche Beziehung wird allmählich die Form der Eindämmung für die aufkommende Angst annehmen.

85 Salonia, 2013.

86 Ich beziehe mich hier auf die existenzielle Wahrheit der Beziehung, die im gemeinsamen Dialog von Therapeut und Patient gefunden wird.

87 Salonia, 1999. [Auch das deutsche »Gast« hat seine Wurzel in *hospes*. Wobei die Etymologie des Autors nicht ganz korrekt ist, denn *hospes* und *hostis* teilen durchaus die gleiche Wurzel; *hostis* steht für »Fremdling« und *hospes* für den, den ihn zuvorkommend behandelt. Im Mittelhochdeutschen konnte Gast sogar noch einen »(feindlichen) Krieger« bezeichnen. Erg. d. Ü.]

88 φρόνησις, altgriechisch; lateinisch *prudentia* (Vorsicht) wird im Deutschen mit »Klugheit« wiedergegeben, allerdings ebenfalls mit »Vernunft«. Auf jeden Fall enthält *phrónēsis* über die reine Zweckrationalität hinaus eine moralische Komponente. [Anm. d. Ü.]

89 Sichera, 2001; Orange, Atwood und Stolorow, 1999; Francesetti, 2015b.

VI.3 Von Einsamkeit
zur Gefühlsresonanz

Wenn man sich seiner Sinnesempfindung bewusst wird und in der Lage ist, dem Schrecken ins Gesicht zu sehen, ihn zu unterstützen und auszuhalten, kann eine die zwanghafte Erfahrung konstituierende Dimension zum Vorschein kommen, nämlich Einsamkeit. Es ist eine angstbesetzte Einsamkeit, denn sie ist ausgesetzt sowohl der Kontraktion des Raumes als auch der Entgrenzung, sowohl der Abwertung des Materiellen als auch der Abwesenheit von Erfolg. Der »Luxus«, diese Einsamkeit zu empfinden, wird für den Patienten anfangs nur selten möglich sein und zwar in den Winkeln, in welchen er sich von der Notlage erholen kann. Solange die Notlage anhält, bedroht jede Nähe die instabile Grenze; das Bedürfnis nach Distanz überdeckt die eigentliche Notwendigkeit, eine Lösung für die Gründe des Schreckens zu finden. Dennoch beginnt mit der Zeit eine gewisse Würdigung der Nähe, die zunehmend Sinn bekommt. Eine kinästhetische Resonanz findet, mit Unsicherheit, ihren Weg[90] und vage nimmt der Patient das Gesicht des Therapeuten als eine heilende Andersartigkeit wahr.[91] Leise, fast heimlich, ohne es benennen oder in den Vordergrund bringen zu können, fängt im Hintergrund die Präsenz der Gefühle an, den Unterschied zu machen. Damit dies geschieht, wird der Therapeut seine Fähigkeit zur Geduld strapazieren müssen, ohne Ereignisse vorwegzunehmen und ohne den Wert der Nähe zu schmälern – zu beidem besteht ein starker Druck im zwanghaften Feld. Auch hier wird der Therapeut sich fragen: »Wie hat mich die Nähe getröstet? Welchen Wert kann ich ihr geben? Was unterstützt mich in meiner Einsamkeit?« Es ist wichtig, die Empfindungen und Gefühle zu spüren, die sich aus diesen Fragen ergeben.

90 Frank, 2016.
91 Bloom, 2016.

Jedes Mal, wenn der Therapeut dies in das Feld einbringt, meist implizit,[92] verändert sich das Feld und wird dazu neigen, diese Erfahrungen auch im Patienten auftauchen zu lassen – Erfahrungen, die eine Entwicklung im Erleben des Patienten eröffnen, können mitunter vom Therapeuten zuerst erlebt werden. Durch diesen Ansatz erfährt die Art und Weise des In-der-Welt-Seins eine Neubegründung durch Beziehung. Die unsagbaren, aber gelebten existenziellen Erfahrungen, die es uns ermöglichen, zu atmen und bewusst und präsent zu sein, auch wenn wir mit der Ungewissheit des Lebens konfrontiert sind, lassen sich konfrontieren, bis schließlich ein ausreichender Boden in der Beziehung empfunden wird, um den Tod am Horizont des Lebens zu verstehen, ein notwendiger Übergang, damit das Leben verzeitlicht wird, der Raum zusammenhält und die Zeit fließt.[93]

VI.4 Pharmakologische Unterstützung

Bei dieser Störung sollte immer eine pharmakologische Unterstützung in Betracht gezogen werden, weil sie das Leiden des Patienten deutlich zu reduzieren vermag. Grundlegend ist jedoch, dass sie als Mittel zur Verringerung der Intensität des Symptoms behandelt wird und nicht als Mittel, um das Leiden in seiner Bedeutung auf eine biochemische Unregelmäßigkeit zu reduzieren; dies würde nämlich eine Verharmlosung der Erfahrung des Patienten und die Entwertung seiner Sichtweise bedeuten, mit dem Risiko ärztlich erzeugter negativer Effekte. Daher ist eine enge Zusammenarbeit zwischen dem Psychiater, der die Medikamente verschreibt, und dem Psychotherapeuten erforderlich, verbunden mit gegenseitigem Respekt für ihre Bereiche und Grenzen.

92 Stern, 2004.
93 Heidegger, 1927.

Patienten, die an einer Zwangsstörung leiden, lehnen freilich manchmal eine medikamentöse Behandlung ab, insbesondere dann, wenn sie Angst vor Vergiftung haben, insofern sie die Einnahme eines Medikaments als eine Verletzung der Grenze durch einen aufdringlichen Fremdkörper ansehen. Dies aber schließt eine psychiatrische Beratung nicht ganz aus, in der der Patient klar über Grenzen und Möglichkeiten der pharmakologischen Unterstützung informiert wird. Voraussetzung ist, dass eine solche Beratung die Entscheidung beim Patienten lässt und ihr eine eindeutige Form und Würde verleiht. Manchmal muss vor der Verschreibung eines Medikaments das Vertrauen in den Psychotherapeuten aufgebaut werden, um sicherzustellen, dass der Sinn des Leidens des Patienten nicht verloren geht, auch wenn sich die Medikamente als wirksam erweisen. Geeignete Medikamente sind in erster Linie *Antidepressiva*, insbesondere *Serotonergika*, aber auch *Benzodiazepine* und *Neuroleptika* können in bestimmten Situationen eingesetzt werden.

VI.5 Ein kurzes klinisches Beispiel

Im Folgenden stelle ich zwei kurze Wortprotokolle vor, die helfen, das Beschriebene mit der konkreten klinischen Praxis zu verbinden.

Andrea ist ein 45-jähriger Mann, Leiter der Verwaltung eines großen Unternehmens, seit einigen Jahren verheiratet. Er hat eine zweijährige Tochter. Wegen schwerer Zwangssymptome, die sein Leben stark beeinträchtigen, und wegen seiner Angst vor der Möglichkeit, seiner Frau und seiner Tochter etwas anzutun, suchte er die Therapie auf. Seine Rituale lassen ihn Unfälle, Unglücksfälle, Krankheiten sowie mögliche Gewaltausbrüche vorhersagen und verhindern. Jeden Tag zwingen hochkomplizierte kombinatorische Berechnungen ihn dazu, geheime Rituale so lange zu wiederholen, bis sie sich addieren und die Gefahren für den Augenblick abgewehrt sind.

Kurz vor Therapiebeginn hatte er alle Messer des Hauses im Keller versteckt, aus Angst, in einem Moment der Wut könne er eine irreparable Tat begehen. Auf mich wirkt er bescheiden, kontrollierend und intelligent. Ein außerordentlich logischer Verstand kennzeichnet ihn. Sein Körper ist steif, kontrolliert, zurückgenommen und aufrecht. Später erzählt er mir, er leide unter Muskelschmerzen und Spannungskopfschmerzen.

Er stammt aus einer wohlhabenden Familie, mit Kindheits-erfahrungen von Verlassenheit und Einsamkeit, von ständiger emotionaler Vernachlässigung und von Wutausbrüchen der Eltern. Nie war vorhersagbar, wann die Mutter sich entzog. Ein kaltes, trostloses Haus ohne Wände, allen Witterungen, unvorhersehbaren Stürmen und Erdbeben ausgesetzt. Er ist der erstgeborene Sohn und hat eine jüngere Schwester, bei der Schizophrenie diagnostiziert wurde, sowie einen jüngeren Bruder mit Suchtproblematik.

Meine Erfahrung mit ihm, besonders zu Beginn der Therapie, war die, dass ich mich angespannt und kontrolliert in meinem Handeln fühlte, vorsichtig, nicht frei. Stets muss ich mich dar-an erinnern, weiter zu atmen und mein Gewicht auf den Sessel zu verlagern, um präsent zu sein, um nicht zuzulassen, dass sich der Raum zusammenzieht, als würde er in ein Vakuum gesaugt. Das phänomenale Feld, das wir aktualisieren, ist so beschaffen, dass ich mich machtlos und in die Enge getrieben fühle, ohne dass ich mich bewegen kann, während er allein ge-lassen wird und der Angst vor unkontrollierbaren Ereignissen ausgesetzt ist, die er dann ohne meine Unterstützung bewäl-tigen müsste – es ist ein zwanghaftes Feld. Die Schlüssel-momente in der Therapie sind Momente des Kontakts, die dieses gemeinsam geschaffene Feld verändern. Die neue Bezie-hungserfahrung, die benötigt wird, ist eine, die jeder Mensch mit einer hinreichend gesunden Vorgeschichte offensichtlich in sich trägt: die Erfahrung, angesichts der Ungewissheit ruhig zu bleiben, dank der Anwesenheit eines emotionalen und unterstützenden signifikanten Anderen.

Wortprotokoll,[94]
nach etwa acht Monaten Therapie

Eines Tages beschrieb mir Andrea ganz allgemein, ohne ins Detail zu gehen, eine Szene, in der seine zweijährige Tochter entführt, gefoltert und getötet wird, wobei er die grausamen und schrecklichen Dinge beschwor, die ihr zustoßen könnten, ohne sie zu benennen. Obwohl keine spezifische Szene beschrieben wird, ist die Atmosphäre, die zwischen uns entsteht, blutig. Ich sage zu ihm:

T.: Die Art und Weise, wie Sie darüber sprechen, mehr als das, was Sie tatsächlich sagen, lässt mich denken, dass man sich vor diesen schrecklichen Gedanken fürchten könnte.
A: Ja, sie sind beängstigend.

Es gibt etwas in der Art, wie er das sagt, das eine Art Ausweichen vor meiner Aussage andeutet, eine kleine Bewegung des Kopfes vielleicht, die mir diesen Eindruck vermittelt, als ob er etwas ausweichen würde. Ich stelle auch fest, dass er das Wort »schrecklich« nicht wiederholt hat. Er scheint ihm mit der gleichen Umsicht auszuweichen wie eine Katze, die eine Falle erschnüffelt und vermeidet.

T.: Warten Sie, Andrea. Sind sie beängstigend oder schrecklich?
A: Das ist ein Wort, das ich nie benutze,

94 Wörtlichkeit ist in einer Übersetzung selbstredend nicht zu leisten. Ich habe versucht, sie zu simulieren, soweit es mir möglich ist. [Anm. d. Ü.]

sagt er, spannt sich an und weicht zurück. Der Schrecken ist zwischen uns zum Greifen nah gekommen. Er wird so stark, dass er auf meiner Brust lastet, so als ob er gleich explodieren würde. Ich verspüre den Drang, fortzulaufen, und merke, dass es für uns beide zu viel ist, also muss ich die Spannung ein wenig lindern.

T.: Sie bevorzugen also das Wort »beängstigend«?

Sofort löst die Anspannung sich ein wenig.

A: Ja, ich spreche lieber von Ängsten, weil sie kontrollierbar sind.
T.: Ah … (sage ich, erleichtert).

Jetzt merke ich, dass zwischen uns etwas anderes, etwas Angenehmes, aber Unbestimmtes entstanden ist. Vielleicht ist es einfach die Tatsache, dass ich ihn in dieser Anspannung nicht allein gelassen habe.
Dann spricht er mit der Geschwindigkeit und der Wucht eines Geschosses:

A: Stattdessen ist Schrecken was, das man nicht kontrollieren kann.

Das Gefühl, das ich habe, wird deutlicher. Zum ersten Mal ist er in der Lage, das Wort zu sagen und es zu ertragen; der Raum zwischen uns ist klar und tragend, nicht steril. Da ist ein wissender Blick in seinen Augen – er weiß, dass er das verbotene Wort gesagt hat und dass er es dank der Tatsache, dass er hier ist, sagen konnte, und er weiß, dass ich weiß, dass er es weiß. In dieser Pause kosten wir unser Gefühl aus. Ich merke, dass ich bei ihm bin und dass wir nun irgendwo angekommen sind.

Es ist ein Moment des besonderen, intensiven Kontakts, den
es zu schätzen gilt, auch ohne ihn zu benennen. Eine Ver-
ständigung, die das aktualisierte Feld zwischen uns verändert,
von der wir beide wissen, dass wir uns daran erinnern werden,
ohne es auszusprechen – für mich eine Erfahrung, mich nicht
machtlos zu fühlen, mit dem Rücken an die Wand gepresst,
und für ihn, nicht allein gelassen zu werden mit solch einem
Schrecken, der von jeglicher Präsenz sterilisiert wurde. Eine
kleine, gemeinsame emotionale Reise[95] und ein Körnchen *Dazwischen* in einer grenzenlosen Einsamkeit.

Nach etwa eineinhalb Jahren Therapie

A: Ich habe die Nase voll von all diesen Kontrollen, Summen,
   Ritualen und noch mehr Summen; sie werden immer
   mehr. Und was noch schlimmer ist, ist, dass sie eine Be-
   leidigung für meine Intelligenz sind – sie sind so dumm
   und verbrauchen eine Menge Energie.
T.: Sie ergeben keinen Sinn für Sie?
A: Ich bin nicht überzeugt.
T.: Wie meinen Sie das?
A: Sie haben mich darauf hingewiesen, dass sie wachsen,
   wenn ich Angst um die Menschen habe, an denen ich
   hänge, also drücken sie meine Verbundenheit, vielleicht
   sogar meine Liebe zu ihnen aus.
T.: Ja ...
A: Die Vernunft lässt mich an all dem zweifeln. Am Ende ist
   es vielleicht alles nur extremer Egoismus. Ich kontrolliere
   alle, ich sperre alle in einen Käfig, um mich zu beruhigen,
   aber ich sorge mich nur um meinen eigenen Verstand, also
   bin ich nur egoistisch.

95 Stern, 2010.

[57]

Ich fühle, wie der Raum zwischen uns steril wird. Wir könnten lange darüber diskutieren und debattieren, aber ich habe das Gefühl, dass jetzt überhaupt kein Gefühl mehr zwischen uns besteht.

T.: Ihre Vernunft zweifelt ... aber was fühlen Sie? Tun Sie es für sich oder für Lisa?

A: Ähm ... ich bin mir nicht sicher, ob ich dem trauen kann, was ich fühle ... aber ja, ... ich würde sagen, es ist für Lisa.

Die Art und Weise, wie er »Lisa« sagt, löst in mir und gleichzeitig in ihm eine intensive und unerwartete Gefühlswelle aus; so etwas wie ein Schluchzen überrumpelt uns. Wir stellen fest, dass die Überraschung und die Emotion auf Gegenseitigkeit beruhen, und wir sind überrumpelt und verlegen über das, was gerade passiert. Plötzlich fühle ich seine und meine eigene existenzielle Erschöpfung – ich bin mir der Art und Weise bewusst, wie Bindungen und Liebe uns an den Schmerz des Verlusts eines geliebten Menschen fesseln. In diesem gemeinsamen Gefühl erkenne ich die Schönheit eines neuen und intensiven Kontakts zwischen uns, unerwartet wie ein Geschenk.

Nach einer kurzen Stille sage ich:

T.: Mir ist klar, wie intensiv Sie all die Jahre hindurch damit beschäftigt waren, Lisa zu schützen, und wie sehr Sie sich um sie gekümmert haben.

A: Ja ...

Andrea sieht mich an, überwältigt von Emotionen. Er schaut weg und räuspert sich. Es entsteht eine Pause. Die Luft ist von Vibrationen geschwängert, an der Grenze des Erträglichen für uns beide. Ich mache es mir bequemer und hole tief Luft.

T.: Was ist los, Andrea?

A: Ähm … Sie wissen doch, wie ich Ihnen gesagt habe, dass manche Sitzungen Wasserscheiden sind und in anderen geht es um Festigung … nun, diese hier ist eine Wasserscheide.

T.: Das denke ich auch.

Für einen Augenblick verweilen wir in diesem Moment, einem Moment, in dem Etwas geschehen ist. Wir halten inne, um das Etwas zu genießen und seine Auswirkungen zu spüren. Wir spüren nach, wie es unsere Beziehung verändert und wie wir uns fühlen.

VII. Beschluss

Unsere Reise hat uns auf den Weg der phänomenologischen und gestaltanalytischen Untersuchung geführt und sie umfasst:

— die Identifizierung des Untersuchungsfeldes mit Hilfe der extrinsischen Diagnose;

— eine phänomenologische Analyse des Erlebens;

— eine gestalttherapeutische Analyse des Erlebens, die der kreativen Zwangsanpassung Bedeutung verleiht;

— die Positionierung dieser Anpassung innerhalb möglicher biographischer und existenzieller Hintergründe;

— die Merkmale eines entstehenden Zwangsfeldes in der Therapie;

— und schließlich einige Elemente für die Therapie.

Auf diesem Weg habe ich versucht zu zeigen, wie Zwangsanpassungen ein spezifischer kreativer Ansatz sind, um mit dem Schrecken umzugehen, wenn der Schrecken sich trotz Gegenwart des Anderen nicht auflösen lässt, und wie sie den Betroffenen vor noch größerem Leid bewahren können.

Es ist meine Hoffnung, dass diese Erkundung eine andere Reise unterstützen kann, die des Therapeuten und des Patienten, hin zu einem Ort, den unser Dichter wieder einmal so gut eingefangen hat: »Auf den Höhen- folgt der Sturzflug / höher höher, schließlich ausgebrannt / Absturz in die Realität. / Dann erst sind wir in der Lage / zum Lobe der Unendlichkeit, / dem Reich, das alles in sich birgt, / und, vielleicht, zur Bejahung, dass sie / den Tod uns bringt: als Schicksal der Natur, / als reife Frucht, die fällt.«[96]

---

96 Marcoaldi, 2015, S. 44: »Prima volare e poi precipitare – / salire salire e poi svuotati, / sfiniti tornare alla realtà. / Allora sì saremo pronti / a lodare l'infinito / regno d'immanenza / e accettare, forse, l'imminenza / della morte: come la sorte naturale / di un frutto che maturo, cade.«

Literatur

Abramowitz J.S., Siqueland L. (2013). *Obsessive-Compulsive Disorder*. In: Castonguay, Oltmanns (Hg.).

Alessandrini M., Di Giannantonio M. (2013). *L'altro volto del mondo: la psicosi nascente secondo Karl Kraus*. Rivista sperimentale di freniatria, 137, 3: 27-45.

Alvim Botelho M. (2016). *The Id of the Situation as the Common Ground of Experience*. In: Robine (Hg.).

Armetta F., Naro M. (Hg.) (1999). *Impense adlaboravit*. Palermo: Facoltà Teologica di Sicilia.

American Psychiatric Association. *Diagnostic and Statistical Manual of Mental Disorders*. Washington, DC: APA. Hier benutzte Version: 2013 (DSM-5).

Ash M.G. (1995). *Gestalt Psychology in German Culture, 1890-1967. Holism and the Quest for Objectivity*. Cambridge, UK: Cambridge University Press.

Ballerini A., Callieri B. (Hg.) (1996). *Breviario di psicopatologia. La dimensione umana della sofferenza mentale*. Milano: Feltrinelli.

Beck A.T. (1976). *Cognitive Therapy and Emotional Disorders*. New York, NY: Meridian.

Béguin A. (1939). *L'âme romantique et le rêve*. Paris: José Corti.

Bloom D. (2016). *The Relational Function of Self. Self functioning of the Most Human Plane*. In: Robine (Hg.).

Bloom D., O'Neill B. (2014). *The New York Institute for Gestalt Therapy in the 21st Century. Anthology of Published Writings since 2000*. Peregian Beach, AUS: Ravenwood Press.

Böhme G. (2010). *Atmosfere, estasi, messe in scena. L'estetica come teoria generale della percezione*. Milano: Marinotti. (Das dt. Original: *Aisthetik. Vorlesungen über Ästhetik als allgemeine Wahrnehmungslehre*. München: Fink Verlag, 2001.)

Böhme G. (2017). *The Aesthetics of Atmospheres*. New York, NY: Routledge.

Borgna E. (1989). *I conflitti del conoscere*. Milano: Feltrinelli.

Borgna E. (1997). *Le figure dell'ansia*. Milano: Feltrinelli.

Bottaccioli F. (2014). *Epigenetica e psiconeuroendocrinoimmuno-logia*. Milano: Edra.

Brownell P. (Hg.) (2019). *Handbook for Theory, Research and Practice in Gestalt Therapy*. Newcastle upon Tyne, UK: Cambridge Scholars Publishing.

Callieri B. (2001). *Quando vince l'ombra. Problemi di psicopatologia clinica*. Roma: Edizioni Universitarie Romane.

Calvi L. (1996). *Il fremito della carne e l'anancastico*. In: Ballerini, Callieri (Hg.).

Castonguay L. G., Oltmanns T. F. (Hg.) (2013). *Psychopathology. From Science to Clinical Practice*. New York, NY: Guilford Press.

Chomsky N. (1957). *Syntactic Structures*. The Hague: Mounton & Co.

Clark D. A. (2004). *Cognitive-behavioral Therapy for OCD*. New York, NY: Guilford Press.

Conrad K. (1958). *Die beginnende Schizophrenie*. Stuttgart: Thieme.

Damasio A. (2012). *Self Comes to Mind. Constructing the Conscious Brain*. New York, NY: Vintage.

Dreitzel H. P. (2010). *Gestalt and Process. Clinical Diagnosis in Gestalt Therapy: A Field Guide*. Bergisch Gladbach: EHP.

Dreitzel H. P. (2013). *Comment to »Gestalt Therapy with the Phobic-Obsessive-Compulsive Relational Styles« by G. Salonia*. In: Francesetti, Gecele, Roubal (Hg.).

Foa E. B., Abramowitz J. S., Franklin M. E., Kozak M. J. (1999). *Feared Consequences, Fixity of Belief and Treatment Outcome in Obsessive-Compulsive Disorder*. Behavior Therapy, 30, 4: 717-724.

Francesetti G. (2007). *Panic Attacks and Post-modernity. Gestalt Therapy between Clinical and Social Perspectives*. Milano: FrancoAngeli.

Francesetti G. (2012). *Pain and Beauty. From Psychopathology to the Aesthetics of Contact.* British Gestalt Journal, 21, 2: 4-18.

Francesetti G. (2013). *Gestalt Therapy Perspective on Panic Attacks.* In: Francesetti, Gecele, Roubal (Hg.).

Francesetti G. (Hg.) (2015a). *Absence is the Bridge between Us. Gestalt Therapy Perspective on Depressive Experiences.* Siracusa: Istituto di Gestalt HCC Italy Publ. Co.

Francesetti G. (2015b). *From Individual Symptoms to Psychopathological Fields. Towards a Field Perspective on Clinical Human Suffering.* British Gestalt Journal, 24, 1: 5-19.

Francesetti G. (2016a). *»You cry, I feel pain«. The Emerging, Co-created Self as the Foundation of Anthropology, Psychopathology and Treatment in Gestalt Therapy.* In: Robine (Hg.).

Francesetti G. (2016b). *Transmission and Transformation of Psychopathological Fields between Generations.* In: Spagnuolo Lobb, Levi, Williams (Hg.).

Francesetti G. (2019). *The Field Perspective in Clinical Practice: Towards a Theory of Therapeutic »Phronēsis«.* In: Brownell (Hg.).

Francesetti G., Gecele M. (2009). *A Gestalt Therapy Perspective on Psychopathology and Diagnosis.* British Gestalt Journal, 18, 2: 5-20.

Francesetti G., Gecele M. (Hg.) (2011). *L'altro irraggiungibile. La psicoterapia della Gestalt con le esperienze depressive.* Milano: FrancoAngeli.

Francesetti G., Spagnuolo Lobb M. (2013). *Beyond the Pillars of Hercules. A Gestalt Therapy Perspective on Psychotic Experiences.* In: Francesetti, Gecele, Roubal (Hg.).

Francesetti G., Gecele M., Roubal J. (Hg.) (2013). *Gestalt Therapy in Clinical Practice. From Psychopathology to the Aesthetics of Contact.* Milano: FrancoAngeli.

Francesetti G., Griffero T. (2019). *Psychopathology and Atmospheres. Neither Inside nor Outside.* Newcastle upon Tyne, UK: Cambridge Scholars Publishing.

Frank R. (2016). *Self in Motion.* In: Robine (Hg.).

Frost R. O., Steketee G. (Hg.) (2002). *Cognitive Approaches to Obsessions and Compulsions. Theory, Assessment, and Treatment.* Amsterdam: Pergamon Press.

Gabbard G. (1994). *Psychodynamic Psychiatry in Clinical Practice.* Washington, DC: American Psychiatric Publishing, Inc. (5. Auflage 2014.)

Galimberti U. (1979). *Psichiatria e fenomenologia.* Milano: Feltrinelli.

Gallagher S., Zahavi D. (2007). *The Phenomenological Mind. An Introduction to Philosophy of Mind and Cognitive Science.* London, UK: Routledge.

Gebsattel V. E. von (1938). *Il mondo dell'anancastico.* In: Minkowski E., Gebsattel V. E. v., Straus E. *Antropologia e psicopatologia.* Rom: Anicia, 2013. (Originaltitel: *Die Welt der Zwangskranken.* Monatsschrift für Psychiatrie und Neurologie, 99: 10-30.)

Griffero T. (2014). *Atmospheres: Aesthetics of Emotional Spaces.* Farnham: Ashgate.

Griffero T. (2016). *Il pensiero dei sensi. Atmosfere ed estetica patica.* Milano: Guerini e Associati.

Grossman D. (2013). *The Hug.* New York, NY: Overlook Press.

Gualtieri M. (2010). *Bestia di gioia.* Torino: Einaudi.

Heidegger M. (1927). *Being and Time.* New York, NY: Harper & Row, 1962. (Dt. Originalausgabe: *Sein und Zeit.* Halle: Max Niemeyer Verlag, 1927.)

Husserl E. (1913). *Ideas. General Introduction to Pure Phenomenology.* New York, NY: MacMillan, 1931. (Dt: *Ideen zu einer reinen Phänomenologie und phänomenologischen Philosophie.* Zuerst: Jahrbuch für Philosophie und phänomenologische Forschung I/1, 1913. Als Buch Halle: Max Niemeyer Verlag, 1922.)

Jacobs L., Hycner R. (Hg.) (2009). *Relational Approaches to Gestalt Therapy.* New York, NY: Gestalt Press.

Jaspers K. (1963). *General Psychopathology*. Manchester, UK: Manchester University Press. (Dt. Originaltitel: *Allgemeine Psychopathologie. Ein Leitfaden für Studierende, Ärzte und Psychologen*. Berlin: Springer, 1913. 1946 stark bearbeitet.)

Loewald H. W. (1989). *Papers on Psychoanalysis*. New Haven, CT: Yale University Press.

Marcoaldi F. (2008). *Il tempo ormai breve*. Torino: Einaudi.

Marcoaldi F. (2015). *Il mondo sia lodato*. Torino: Einaudi.

Mazzeo M. (2013). *Introduzione*. In: Tellenbach H.

Merleau-Ponty M. (1945). *Phenomenology of Perception. An Introduction*. New York, NY: Routledge, 2003.

Metzger W. (1941). *I fondamenti della psicologia della Gestalt*. Firenze: Giunti Barbera, 1971. (Dt. Original: *Psychologie. Die Entwicklung ihrer Grundannahmen seit der Einführung des Experiments*. Darmstadt: Steinkopff Verlag, 1941.)

Mitchell S. A. (2000). *Relationality. From Attachment to Intersubjectivity*. Hillsdale, NJ: The Analytic Press.

Morphy R. (1980). *An Inner View of Obsessional Neurosis*. Gestalt Journal, 3, 1: 120-136.

Moustakas C. (1994). *Phenomenology Research Methods*. Thousand Oaks, CA: Sage.

Muscelli C., Stanghellini G. (2008). *Per un'estetica dello spazio vissuto. La modalità ossessiva*. Comprendre, 16-17-18: 279-287.

Orange D. M., Atwood G. E., Stolorow R. D. (Hg.) (1999). *Intersoggettività e lavoro clinico. Il contestualismo nella pratica psicoanalitica*. Milano: Raffaello Cortina Editore.

Perls F., Hefferline R., Goodman P. (1951). *Gestalt Therapy. Excitement and Growth in the Human Personality*. New York, NY: Julian Press; Highland, NY: GJP, 1994.

Philippson P. (2009). *The Emergent Self. An Existential-Gestalt Approach*. London, UK: Karnac Books.

Ratcliffe M. (2015). *Experience of Depression. A Study in Phenomenology*. Oxford, UK: Oxford University Press.

Robine J.-M. (2006). *Il rivelarsi del sé nel contatto. Studi di psico-terapia della Gestalt*. Milano: FrancoAngeli.

Robine J.-M. (Hg.) (2016). *Self. A Polyphony of Contemporary Gestalt Therapists*. St. Romain-La-Virvée: L'Exprimerie.

Salonia G. (1999). *Dialogare nel tempo della frammentazione*. In: Armetta, Naro (Hg.).

Salonia G. (2013). *Gestalt Therapy with the Phobic-Obsessive-Compulsive Relational Styles*. In: Francesetti, Gecele, Roubal (Hg.).

Schmitz H. (2011). *Nuova fenomenologia. Un'introduzione*. Milano: Marinotti. (Im Original: *Kurze Einführung in die neue Phänomenologie*. Baden-Baden: Alber, 2010.)

Sichera A. (2001). *A confronto con Gadamer. Per una epistemo-logia ermeneutica della Gestalt*. In: Spagnuolo Lobb (Hg.).

Spagnuolo Lobb M. (Hg.) (2001). *Psicoterapia della Gestalt. Ermeneutica e clinica*. Milano: FrancoAngeli.

Spagnuolo Lobb M. (2013a). *The Now-for-Next in Psychothera-py. Gestalt Therapy Recounted in Post-modern Society*. Milano: FrancoAngeli.

Spagnuolo Lobb M. (2013b). *Developmental Perspective in Gestalt Therapy. The Polyphonic Development of Domains*. In: Francesetti, Gecele, Roubal (Hg.).

Spagnuolo Lobb M. (2016). *Self as Contact, Contact as Self. A Contribution to Ground Experience in Gestalt Therapy Theory of Self*. In: Robine (Hg.).

Spagnuolo Lobb M., Francesetti G. (2015). *La normalità creativa*. PNEI Review, 6: 58-67.

Spagnuolo Lobb M., Levi N., Williams A. (Hg.) (2016). *Gestalt Therapy with Children. From Epistemology to Clinical Practice*. Siracusa: Istituto di Gestalt HCC Italy Publ. Co.

Spector T. (2012). *Identically Different. Why We Can Change Our Genes*. London, UK: Weidelfeld & Nicolson.

Spinelli E. (2005). *The Interpreted World. An Introduction to Phenomenological Psychology*. Thousand Oaks, CA: Sage.

Staemmler F.-M. (2016). *Taking Another Turn. The Relational Turn in Gestalt Therapy Revisited.* British Gestalt Journal, 25, 2: 3-19.

Stanghellini G., Ballerini A. (1992). *Ossessione e rivelazione. Riflessione sui rapporti tra ossessività e delirio.* Torino: Bollati Boringhieri.

Stern D. N. (1985). *The Interpersonal World of the Infant. A View from Psychoanalysis and Developmental Psychology.* New York, NY: Basic Books.

Stern D. N. (2004). *The Present Moment in Psychotherapy and Everyday Life.* New York, NY: W. W. Norton & Co.

Stern D. N. (2010). *Forms of Vitality. Exploring Dynamic Experience in Psychology and the Arts.* New York, NY: Oxford University Press USA.

Stolorow R. D., Brandchaft B., Atwood G. E., Fosshange J., Lachmann F. (1999). *Psicopatologia intersoggettiva.* Urbino: Quattroventi.

Straus E. (1948). *On Obsession. A Clinical and Methodological Study.* New York, NY: Nervous and Mental Disease Monographs 73.

Tárrega-Soler X. (1997). *L'expérience obsessionnelle.* Cahiers de Gestalt-thérapie, 1: 73-94.

Tellenbach H. (1968). *L'aroma del mondo. Gusto, olfatto e atmosfere.* Milano: Marinotti, 2013. (Dt. Original: *Geschmack und Atmosphäre.* Salzburg: Otto Müller Verlag, 1968.)

Vázquez Bandín C. (2014). *Sin ti no puedo ser yo. Pensando según la terapia Gestalt.* Madrid: Los Libros del CTP.

Waldenfels B. (2011). *Phenomenology of the Alien: Basic Concepts.* Evanston, IL: Northwestern University Press.

Wheeler G. (2002). *Compulsion and Curiosity. A Gestalt Approach to OCD.* In: Wheeler G., McConville M. (Hg.). *The Heart of Development. Gestalt Approaches to Working with Children, Adolescents and their Worlds.* Vol. I: Childhood. Hillsdale, NJ: The Analytic Press.

Whitaker R. (2010). *Anatomy of an Epidemic. Magic Bullets, Psychiatric Drugs and the Astonishing Rise of Mental Illness in America*. New York, NY: Crown Publishers.

Zahavi D. (Hg.) (2018). *The Oxford Handbook of the History of Phenomenology*. Oxford, UK: Oxford University Press.

Alessio Zambon

AN-ARCHÉ
Eine systemische Anwendung der Gestalttherapie
in der Psychiatrie

Vorbemerkung

Dies ist ein Bericht über eine psychiatrische Erfahrung, die sich
in den 1990ern Jahren in Italien zutrug, nicht in direktem
Rahmen der Basaglia'schen Organisationen, jedoch geprägt
von dieselben Mentalität und deren Entwicklungen in den
zwei Jahrzehnten nach der eigentlichen Reform (1978). Viele
Aspekte der alten Psychiatrie waren aber noch vertreten. Das
Projekt *An-Arché* kann heute durch neue Perspektiven (etwa
Weddinger Modell, Soteria …) besser verstanden und wert-
geschätzt werden, und ich denke, es kann noch etwas zu einer
sich entwickelnden Mentalität beitragen. Vielleicht gibt es
weiterhin Situationen, eventuell versteckt, oder in anderen
Ländern, wo die Menschen eine »De-Institutionalisierung«
brauchen; dazu hat *An-Arché*, so wie die Gestalttherapie, die
dort angewandt wurde, viel zu sagen. Aber das Projekt ist auch
Ansporn für eine Mentalität, die immer wieder aufs Neue be-
lebt werden muss, weil Rückentwicklungen in der Psychiatrie
zu beobachten sind.

Was ich beschreibe, sind meine Erinnerungen an damals, und
ist mein persönliches Verständnis davon, was die Psychiaterin
und Gestalttherapeutin Jole Ballarini erreichen wollte. Ich will
aber nicht behaupten, dass es ihre originären Ideen waren. Seit
meiner Zeit in dem Projekt *An-Arché* ist auch fast ein Viertel-
jahrhundert vergangen und es war mein erster Kontakt mit
der Gestalttherapie.

1. Einführung für deutsche Leser:innen

Was waren die Umstände, die zur psychiatrischen Reform in Italien geführt haben? Wie damals auf der ganzen Welt der Fall, stand die Psychiatrie auch in Italien in einem engeren Zusammenhang mit polizeilicher Kontrolle als mit der Medizin. Diesen Zusammenhang regelte ein Gesetz aus dem Jahr 1904, durch das man alle Arten der »Entartung« kontrollieren und reglementieren wollte. Klassifikation und Unterbringung geschahen zentral, Behandlung blieb eine Option. In der Zeit des Faschismus wurde diese Haltung noch weiter verstärkt: alle, die sich nicht anpassten, konnten psychiatrisch eingesperrt werden (manchmal auch einfach Menschen, die die Verteilung des Familienerbes numerisch störten). Die großen psychiatrischen Anstalten wurden immer häufiger Orte der Qual; Menschen wurden fixiert, um kontrollierendes Personal einsparen zu können; besonders im Winter stiegen die Todesfälle durch »Kreislaufstillstand« deutlich an: Auch an Essen und Heizung wurde gespart. Mitglieder von *An-Arché* erinnerten sich daran, Straf-EKTs ohne Betäubung bekommen zu haben. Einer, der mir begegnet ist, hat ständig leise bei sich selbst wiederholt: »Hey, komme her. Elektroschock, jetzt! Elektroschock.« Wahrscheinlich die Stimmen der damaligen Pfleger:innen.

Die Umstände der Reform und der Bemühung von Franco Basaglia sind zu umfassend, als dass ich sie in diesem kleinen Artikel würdigen könnte; so ist hier auch nicht der Ort, um das zu beschreiben, was hierbei schiefgelaufen ist. Ich will nur daran erinnern, dass einen wichtigen Teil der Reform die Patient:innenkollektive oder die »Assemblees« bildeten: Man forderte die »Patient:innen« auf und unterstützte sie, dass sie Entscheidungen über die Führung und die Verwaltung der Anstalten treffen; es gab Seminare und Workshops, in denen eine Gemeinschaft aufgebaut wurde. Mit einem Gesetz von

1978 (das berühmte »Gesetz 180«) wurde der Gewalt eine Grenze gesetzt; die alten Methoden wurden dort, wo man das Gesetz auch praktisch umsetzte, gestoppt, die Türen geöffnet. »*I matti*« (die Verrückten) fingen wieder zu kommunizieren an; ihre Worte waren nicht mehr nur Symptome (wie es Goffman schon 1966 beschrieben hatte), sondern performative Akte; es wurden Entscheidungen getroffen; auch darüber, wie das eigene Leben weiterlaufen sollte. Vielleicht zum allererstem mal (mit wenigen Ausnahmen, wie Antonin Artaud) haben wir endlich Worte von Verrückten, das bedeutete, sie konnten jetzt auch die (eigene) Geschichte schreiben.

Aber ... nicht alle hatten ein Zuhause, in das sie zurückkehren konnten, oder die Möglichkeit, sich so einfach ein neues Leben zu schaffen. In manchen Situationen führte das zur Teilung und Umwandlung der großen Anstalten in mehrere WGs, die solche »Übriggebliebenen« aufnehmen sollten. Eins der berühmtesten »Manicomi« (so der Ausdruck für psychiatrische Anstalten) war das Turin-Collegno gewesen, eingerichtet in einem riesigen, imponierenden Klosterkomplex, der ursprünglich aus dem 17. Jahrhundert stammte und über welchen auch Filme gedreht wurden. Jedoch stammte das Pflegepersonal, das in den neu ausgegründeten WGs arbeitete, teilweise noch aus der »alten Schule« und war durch die früheren Ansichten derart stark geprägt, dass es die repressiven Methoden (wenn auch verdeckt) weiterführte. Die Patient:innen blieben passiv und aufgrund ihrer Hospitalisierung realitäts- und lebensfremd; der Wille zur Veränderung war meist nicht vorhanden, auch weil viele kein anderes als das fremdbestimmte Leben kannten.

Die inzwischen leider verstorbene Psychiaterin Jole Ballarini hatte am Turin-Collegno gearbeitet. Sie wollte die Lage von den »Übriggebliebenen« verbessern und auch für sie die De-Institutionalisierung weiter voran zu treiben. Dabei griff sie auch auf solche Methoden zurück, die in der Gestalttherapie wurzelten. Durch sie und durch ihre Mitarbeiter:innen, die teilweise die psychiatrische Gefangenschaft erlebt hatten, entstand das Projekt *An-Arché*, »ohne Chef« (diejenigen, die den Namen kreierten, waren sich der historischen Anarchie ab dem 19. Jahrhundert nicht bewusst, konnten aber Griechisch). Es gab klare Ansätze, wie sie heute vom »Weddinger Modell« vertreten werden: Nie mehr über die Patient:innen in deren Abwesenheit sprechen, Bevormundungen abschaffen, Beobachtung der Interaktionen sowie Nachbesprechungen (unter Umständen mit der Heranziehung von Video-Aufnahmen), um zu verstehen, was schiefgeht, dadurch Selbstentwicklung der »Helfer:innen« in ihrer Beziehungsfähigkeit, sowie eine kontinuierliche Selbstkritik (hierbei war die Gestalttherapie ein wichtiger Teil). Ein zentraler Punkt ist die Wahrnehmung der schwammigen Grenze zwischen Fürsorge und Kontrolle, an der man sich im psychiatrischen Alltag bewegt.

2. Komponenten des Projekts

An-Arché umfasste insgesamt sieben WGs plus einige Kleinwohnungen der ehemaligen Insass:innen des »Irrenhauses«. Es handelte sich überwiegend um Menschen über 60, die schon vor 1978 dort lebten. In jeder WG wohnten 7 bis 15 Personen.

Umbau. Zur Normalisierung und zur Individualisierung der Wohnräume erfolgten mehrere Umbaumaßnahmen, die den Eindruck und die Realität von »das ist meine Wohnung« vermitteln sollten. Alle konnten mit ihren Ideen und Projekten sowie mit ihrer Tatkraft dazu beitragen.

Konfrontation mit der Realität. Bis dahin gab es noch zentrale Dienste wie Küche, Wäscherei usw., so dass viele nicht wussten, woher ihr Essen kommt; sie konnten nicht wählen, was sie essen; sie brauchten aber auch nicht einzukaufen. Als

einer von den ersten Schritten wurde offiziell auf alle Dienst-
leistungen des Gesundheitssystems verzichtet, dafür erhielten
alle Ex-Patient:innen eine »therapeutische Rente«, mit der sie
klarkommen mussten.

Obwohl dies am Anfang bürokratisch sehr schwierig war,
konnte es durchgesetzt werden vor allem dadurch, dass es im
Endeffekt deutlich billiger war. Jetzt hatten die Leute zu entscheiden, wie sie ihr Geld benutzen möchten, und zu lernen,
wie sie es einteilen mussten, wenn sie etwas essen wollten,
nachdem sie jahrzehntelang keinen Zugang zu Geld (außer
vielleicht Taschengeld) gehabt hatten. Das war natürlich ein
langer Prozess. Die Entscheidungen der Ex-Patient:innen
sollten von den Mitarbeiter:innen ernst genommen werden,
selbst wenn das manchmal (öfters) Risiken barg; aber Risiko-
verhalten zeigen auch Menschen, die keinen psychiatrischen
Stempel haben; diese stehen aber deswegen nicht unter der
Kontrolle von Fremden. Die Beamt:innen vom Gesundheits-
system zogen Ballarini jedoch offiziell dafür zur Rechenschaft,
wenn die Entscheidungsfreiheit der Ex-Patient:innen Konsequenzen für die äußere (aber auch für die »innere«) Welt
mit sich brachte, z. B. im Falle einer Selbstschädigung der Ex-
Patient:innen. Es gab mehrere juristische Zwischenfälle für
Ballarini als formale Leiterin der Anstalt, weil sie das Recht
für die Eigenentscheidung der Ex-Patient:innen garantieren
wollte; dieses Recht wurde freilich extern juristisch nicht an-
erkannt. Unter anderem aus diesem Grund war die Konfrontation der Ex-Patient:innen mit der Realität nicht vollständig. Das Projekt *An-Arché* konnte auch aus dem Grund
nicht Schule machen, weil eine einzelne Person für derart viele
Sachen eine juristische Verantwortung hätte übernehmen
müssen, was weit über eine berufliche Verpflichtung/Aufgabe
geht, wenn man sich nicht als Person so voll engagiert, wie es
Ballarini tat.

Gruppen- und Selbstwirksamkeit

Als erster wichtiger Teil der Gestalttherapie wurden die Begriffe von *Feld in der Gruppe* und *in der Umwelt* angewandt. Zunächst brauchte man ein systemisches Verständnis aller Beziehungen, um dann eine Konfrontation mit den Realitäten herbeizuführen.

Einer der zentralen Schwerpunkte des Projekts war Teilhabe, die sowohl als Ziel wie auch als Mittel verstanden wurde. Teilhabe als Ziel versteht sich natürlich als eins der grundlegenden Menschenrechte und Bedürfnisse: Man ist ein Teil mehrerer kleinerer oder größerer Gruppen, Teil der Gesellschaft. Durch Teilhabe wird die individuelle Identität gestaltet und verstärkt und die individuellen Fähigkeiten entwickeln sich. Auch wenn ich als einzelne Person weniger kann, aber Teil einer Gruppe bin, die etwas durchsetzt, habe ich selbst etwas für mich erreicht. Durch diesen psychosozialen Prozess werden zudem mein Selbstwert und meine Selbstwirksamkeit unterstützt, was die Hospitalisierung bei diesen Menschen praktisch vernichtet hatte. So wurden Gruppen gebildet, die als solche und in ihrer Interaktion das ganze Projekt aufrechthielten und die Existenz der Mitglieder sicherten. Die Gruppen bestanden aus Menschen mit unterschiedlichen Fähigkeiten und von unterschiedlichem Fähigkeitsniveau, wie es eigentlich auch in der äußeren Welt der Fall ist. Teil der Gruppe waren Ex-Patient:innen und Pädagog:innen. Die Pädagog:innen erzog Ballarini, ihre Rolle an der Grenze zwischen zwei Welten zu gestalten: einerseits Mitglied der Gruppe zu sein und anderseits trotzdem auch eine »andere« Verantwortung zu haben, ohne dass es zu Kontrolle ausartet. Das war eine paradoxe und sicherlich schwierige Rolle, die eine ganz bestimmte Selbstbeobachtung und Selbstwahrnehmung braucht, wie sie durch die Gestalttherapie entwickelt werden kann.

Jede WG wurde in 3 Gruppen geteilt:

Basis. Die Mitglieder der Basis-Gruppe waren verantwortlich für Einkauf, Putzen usw.; dadurch mussten sie auch planen und relationale Fähigkeiten entwickeln: Wenn ich einkaufen gehe, mache ich das auch für meine Mitbewohner:innen; welch einen Geschmack haben die Anderen? Wie kann ich das bei den Einkäufen berücksichtigen?

Freizeitgestaltung. Die Gruppe für die Freizeitgestaltung organisierte Veranstaltungen, Ausflüge, sowie all das, was Spaß machen oder Sinn geben sollte. In einer der WGs wurde etwa eine Hymne ritualisiert, die man jeden Tag sang, um die Autonomie der Mitbewohner:innen zu betonen: »Dies ist mein Haus, kein Chef (*Arché*) entscheidet über mich.«

Koordination. Die Koordinator:innen hatten mehrere Aufgaben, z. B. das gemeinsame Geld zu verwalteten (alle Mitbewohner:innen gaben einen monatlichen Beitrag dazu), koordinierten die Versammlungen, auf denen Entscheidungen getroffen wurden, hielten Kontakte mit den anderen WGs des Projekts, um die gemeinsame Stimme zu stärken.

Es gab Treffen auf mehreren Ebenen, auch um soziale Kontakte zu intensivieren und um Ideen auszutauschen; die Basis-Gruppen der verschiedenen WGs trafen sich regelmäßig unter sich, ebenfalls die Gruppen zur Freizeitgestaltung. Es gab auch Vollversammlungen. Alle Koordinator:innen gehörten einem Gremium an, welches Entscheidungen zu treffen hatte, die dringend waren; sie waren überdies für die Kommunikationen und die Beziehungen zu Personen und zu Institutionen außerhalb des Projekts zuständig.

3. Die Pädagog:innen

3.1. Kontinuierliche Fortbildung

Ballarini wollte keine professionellen Pädagog:innen im Team beschäftigen (oder so wenige wie möglich), um der Gefahr zu entgehen, Beziehungsmentalitäten zu verewigen, die sich vor der Reform herauskristallisiert hatten. In dieser Hinsicht gäbe es Punkte für eine kritische Diskussion, die auch berechtigt wären; das will ich jetzt hier aber nicht angehen, und stattdessen versuchen, den Standpunkt von Ballarini einfach zu verstehen. Es gab Steine im Wege, die man beseitigen musste: In den alten Berufen (überwiegend Pflegepersonal) herrschte auch weiterhin eine überkommene psychiatrische Mentalität vor. Die Ex-Patient:innen hatten ihre »Betreuer« immer als Menschen »auf einer höheren Ebene« erlebt. Solche Aspekte sollten vermittels realitätsbezogener Maßnahmen abgebaut werden. Aus genau diesem Grund wurden viele der neuen Pädagog:innen mit einem arbeitsrechtlich fraglichen Vertrag als »persönlicher Helfer:innen« bei einzelnen Mitgliedern der WG angestellt, sodass man sie leicht kündigen konnte; etliche brachten keine Vorerfahrungen in der Psychiatrie mit. Ballarini ihrerseits sprach Kündigungen dann aus, wenn sie etwa der Auffassung war, die Person gehe nicht respektvoll genug mit den Patient:innen um oder könne die erforderliche neue Mentalität nicht umsetzen. Eine gewisse Willkür war hierbei natürlich unvermeidlich.

Ballarini überwachte die Angestellten und deren Verhalten, meist in Absprache mit den Ex-Patient:innen. Oft sagte sie den Pädagog:innen: »Wenn die Ex-Patient:innen es völlig begreifen, dass du für *sie* arbeitest, weswegen und wozu *sie* dich anstellen, und dass *sie* dich jeden Moment kündigen können, haben wir schon viel erreicht«. Zahlreiche Ex-Patient:innen schafften es nicht, Respekt für sich einzufordern (was auch relational ist: »je höher der Stand der Betreuer, desto niedriger ist der von den Ex-Patient:innen«); daher pflegte Ballarini gegenüber den Pädagog:innen einen bisweilen erniedrigenden Beziehungsstil (verstärkt durch eine bestimmte, ihr eigene Aggressivität). Dies diente ihrer Meinung nach dazu, den Selbstwert der Ex-Patient:innen »relational«, also »im Vergleich«, zu steigern.

Ein wichtiger Teil des Projekts bestand deswegen aus einer kontinuierlichen Fortbildung der Pädagog:innen in wöchentlichen Treffen mit Ballarini. Hierfür benutzte sie einen gestalttherapeutischen Ansatz; oft ging es darum, das Umfeld, und sich selbst im Umfeld, besser beobachten und verstehen zu können. Sie setzte u. a. gestalttherapeutische Übungen mit verschiedenen Inhalten und Methoden ein. Einige Beispiele für von ihr angeleitete Übungen:

Selbstwahrnehmung: körperlich, emotional (was spüre ich in der Situation?), kognitiv (woher kommen meine Bewertungen bezüglich der vorhandenen Realität? bewerte und beurteile oder verurteile ich gerade jetzt etwas? auf welcher Basis? mit welchem körperlichen / emotionalen Korrelat?).

Selbstbeobachtung in den menschlichen Interaktionen: Was spüre ich in der Beziehung? Wohin gehört mein Gefühl im Feld der Interaktion: Passiert gerade etwas, das eigentlich eher mit mir und meiner Vergangenheit zu tun hat? Handle ich im Interesse der Anderen oder aus Angst heraus, innere Regeln zu brechen? ... Wie kann ich für mein Verständnis und mein Erlebnis Verantwortung übernehmen und das eventuell in der therapeutischen Beziehung benutzen?

Inwiefern agiere ich gerade eine Übertragung oder Gegenübertragung aus? Das ist besonders wichtig in einem Kontext, in welchem jemand, der lange nur kontrolliert wurde, mich auch oft dazu bringen wird, ihn kontrollieren zu wollen. Das tritt noch verstärkt bei Menschen auf, die primitivere Abwehrmechanismen ansetzen, wie identifikative Projektion. Was bedeutet Respekt Menschen gegenüber, denen jahrzehntelang kein Respekt entgegengebracht wurde? Als Methoden gab es Theorievermittlung, Übungen (auch aus dem Originalbuch von Perls-Hefferline-Goodman, Hefferline-Teil) und Besprechungen von realen Interaktionen im Sinne einer Supervision. Manchmal wurde der Alltag verfilmt und anhand dessen besprochen, was dort passierte. Dabei war die gestalttherapeutische Perspektive sehr wichtig.

3.2. Die Rolle der Pädagog:innen im Alltag

Überwiegend waren die Pädagog:innen Mitglieder in einer Gruppe (Basis, Freizeitgestaltung, Koordination) und sollten ihre Rolle in einer schwierigen Lage aufrechthalten, die die Grenze zwischen zugehörigen Mitgliedern einerseits und bezahlten Pädagog:innen auf der anderen Seite markierte. Sie waren also gleichzeitig (wenn überhaupt möglich) Mitglieder, die zwar vielleicht mehr Kompetenzen haben, aber im Grunde genommen gleichberechtigt sind, und Leute, die den Prozess eines Autonomer-Werdens anderer Menschen unterstützen sollen. Die Grenze zwischen Unterstützung und Fürsorge auf der einen und Kontrolle auf der anderen Seite war in den alltäglichen kleineren Erfahrungen oft eine Herausforderung (was übrigens auch unter Mitgliedern einer beliebigen Gruppe ein Problem sein kann). Zwischen diesen beiden Polaritäten mussten sich Vordergrund und Hintergrund schnell umgestalten. Wenn man als Gruppe einkaufen geht, und plötzlich entscheidet eins der Mitglieder, er müsse hier und jetzt (auf dem offenen Parkplatz des Einkaufszentrums) defäkieren, fühlen andere Mitglieder der Gruppe u.a. vielleicht Scham (und Ärger gegen S., der die Kamerad:innen der Scham ausliefert). Berechtigt dies zum Einsatz kontrollierender Maßnahmen? Zum Ausdruck des Ärgers ihm gegenüber? Oder zu

einem Ihn-Auslachen (wie andere Gruppenmitglieder es vielleicht tun, welche sich weniger Gedanken machen)? Falls die
institutionalisierten Menschen an einem Tag so gar nicht zu
irgendetwas zu bewegen sind, z. B. Essen vorzubereiten, soll
ich als Pädagoge das für sie arrangieren, oder ist das auch ein
Übergriff in ihre Autonomie? Jeder Tag war im Endeffekt voll
mit pädagogisch-ethischen Fragen.

4. Die Leute der »äußeren Welt«

Die Interaktion mit anderen Realitäten war nicht immer einfach. Besonders Personen, die in der Nähe wohnten, waren
nicht vorbereitet, für sie auffällige Menschen normal auf den
Straßen zu sehen, oder in den öffentlichen Verkehrsmitteln
usw.; manche hatten regelrecht Angst. Tatsächlich ereigneten
sich mehrere unschöne Vorfälle. Das Risiko bestand darin,
einen Preis zu bezahlen. Ballarini übernahm stets volle Verantwortung für alles, was geschah. Einer der Ex-Patienten
starb, weil er sich während des freien Ausgangs auf Zuggleise
begab. Die Freizeitgruppe entschied mit Zustimmung aller
Männer, eine Sex-Arbeiterin anzustellen, die einmal in der
Woche kam; und wer wollte, konnte sich für ihre Dienste an-
melden. Menschen ohne psychiatrischen Stempel machen das;
mit welchem Recht hätten wir das den Ex-Patienten verbieten
können? Es war schließlich ihr Geld. Weil es »psychiatrische
Menschen« waren, kam es dennoch zu einer Anklage wegen
Förderung und Unterstützung von Prostitution (ein in Italien
strafbares Delikt) sowie von Missbrauch des Geldes der nach
wie vor als geschäftsunfähig geltenden Menschen. Sollte ich
als Betreuer (und mit der Macht, die mir diese Stelle verlieh)
Sachen verhindern, die ich als gefährlich ansehe? Wo beginnt
der Missbrauch der Macht?

5. Ende und Ergebnisse

Im Sommer 1997 wollte die zentrale psychiatrische Behörde wieder die Kontrolle übernehmen und die Räume anders benutzen. Die alten Menschen sollten in Heime verlegt werden, über deren Gestaltung sie keine Kontrolle hatten. Nicht mehr »mein Haus«, Andere entscheiden wieder, wohin ich verlegt werde. Es kam zu einer großen Empörung: Ex-Patient:innen, Pädagog:innen und Psychiaterin besetzten die Häuser und leisteten auch körperlichen Widerstand; freilich erbrachte das keine Wirkung, außer vielleicht das Erlebnis, gemeinsam zu kämpfen.

Wie kann man die Ergebnisse bewerten? Meines Wissens hat man das Projekt niemals umfassend evaluiert, auch wegen des abrupten Endes.

Es gab eine Hierarchie pädagogisch-therapeutischer Ziele, die zu bestimmten Terminen mit Ballarini besprochen wurden, z. B. ob sie erreicht wurden oder ob man sie aufgrund der Erfahrungen ändern müsse. Ziele wie »Ex Patient:innen planen den Ausflug (oder den Einkauf) und erinnern die Gruppe unaufgefordert daran, wenn die Zeit gekommen ist« wurden in den meisten WGs deutlich erreicht. Dieses Beispiel-Ziel enthält kognitive, emotional-motivationale und relationale Aspekte, die für Menschen, die jahrzehntelang nur passiv gelebt hatten, gar nicht selbstverständlich sind. Wenn wir die Verbesserung der Autonomie der Ex-Patient:innen als das übergeordnete Ziel ansehen, wurde es auf jeden Fall erreicht. Zudem ist klar, dass dies ohne eine Veränderung der alten Muster nie möglich gewesen wäre. Mindestens für ein Jahr, die Zeit, in der ich das Projekt miterlebte, gab es gegen psychisch schwer kranke Menschen keine Zwangsmaßnahmen. Ergebnis war aber auch, dass in den Alltag der therapeutischen Beziehung ethische Aspekte integriert werden mussten. Und davon kann man heute noch etwas lernen.

Alessio Zambon

GESTALTTHERAPIE IN DER PSYCHIATRIE
Empathie bei schwerem psychischen Leid entwickeln,
zwischen Regression und Erdung

Einleitung

In der phänomenologischen Tradition hat (soweit ich weiß)
Karl Jaspers als erster gesagt, eine schwere Störung ließe sich
unter anderem dadurch erkennen, dass keine Empathie mehr
möglich sei; zum Beispiel wären die Vorstellungen eines Wahns
gar nicht nachzuvollziehen. Im Laufe meiner Gestalt-Aus-
bildung wurde das mehrmals betont; überdies gehört es auch
in der Psychiatrie zu den Kriterien für Wahn, dass man ihn
nicht nachvollziehen könne. Wahn führe aus dem Grund zur
Isolierung, weil der Patient einerseits in sich gekehrt sei und
andererseits den Zugang für Mitmenschen schwer mache.
Ziel dieses Beitrags ist, diese gleichsam dogmatisch gewordene
Aussage in Frage zu stellen. Mein Einwand lautet, Empathie
dürfe nicht als etwas verstanden werden, was einfach da ist oder
nicht. Man kann Empathie trainieren (das machen wir als
Gestalttherapeut:innen), und für manche Aufgaben muss man
sie härter trainieren. Dem geflügelten Wort »homo sum, nihil
humani me alienum puto« (ich bin Mensch, nichts Menschliches
scheint mir fremd) des römischen Dichters Terenz zufolge
haben wir auch psychotische Anteile in uns selbst. Sie tauchen
in unterschiedlichen Situationen mehr oder weniger an der
Oberfläche auf oder bleiben eher im Hintergrund.
Schon C. G. Jung beschrieb die Komplexe des Selbst. Mithilfe
von Übung und Meditation konnte er solche Teile des Selbst
entdecken, die dem Selbst zwar angehören, im »normalen«

psychischen Zustand aber nicht unmittelbar zugänglich sind. Normalerweise ist nur der dominante Ich-Komplex bewusst. Daran, Zugang zu den anderen Teilen des Selbst zu gewinnen, muss man hart arbeiten. Diese Arbeit hat Jung beispielsweise in seinem »Roten Buch« geschildert. Gaetano Benedetti (ein Analytiker, bei dem ich aber eine starke gestalttherapeutische Haltung sehe) sagt in seinem Buch »Todeslandschaften der Seele«, in welchem es um die Psychotherapie schizophrener Patienten geht, man solle den anderen Menschen in seinem Wahn erreichen, um dort gemeinsam etwas Kreatives zu kreieren. Er ließ den Wahn seiner Patienten in die eigenen Träume kommen, und auf dieser Grundlage wollte er therapeutisch arbeiten.

Auf diesen Seiten will ich versuchen, Ansätze zum Trainieren von Empathie für seelisch schwer kranke Menschen zu skizzieren, und wirklich nur skizzieren, wie in der taoistischen Malerei: Ich gebe einzig Fingerzeige, um durch sie bei den Leser:innen ein ähnliches Gefühl hervorzurufen. Hierzu werde ich vor allem auf meine (verarbeitete und meditierte) Erfahrung zugreifen. Einerseits gibt es die Möglichkeit, Erfahrung, die die meisten Menschen kennen, so umzudenken, dass man diese als »kleine und vorübergehende psychotische Störung« sehen und ein Verständnis für die schwereren psychischen Störungen entwickeln kann. Anderseits präsentiere ich Übungen oder Meditationen, die diesen Prozess unterstützen.

Empathie besteht aus mindestens zwei Aspekten, einerseits dem »sich in den Anderen hineinzuversetzen« (der »regressive Teil«, Näheres siehe unten), andererseits dem »diese Fähigkeit in der Beziehung verantwortlich anzuwenden« (der »geerdete Teil«); hier geht es vor allem um den ersten, also den regressiven Teil. Aber Achtung, es gibt auch eine »schwarze Empathie«, die zum Beispiel bei manchen Psychopath:innen oder Sektenführer:innen vorkommt: Sie können sich zwar in Andere hineinversetzen, und verstehen ganz gut, was in der inneren Welt von anderen Menschen passiert, sie nutzen das jedoch aus, um ihre eigenen Zwecke zu verfolgen.

Schreiben verstehe ich nicht als Vermittlung von Kenntnissen, sondern als Dialog innerhalb eines gemeinsamen Prozesses, durch den die Menschheit ihre Wissenschaft erweitert. Daher werden auch nicht alle möglichen Argumente gleich vertieft, das können eventuell Andere fortsetzen. Ich rate Menschen, die keine Erfahrung mit Psychotherapie oder Meditation haben, davon ab, die folgenden Übungen ohne Supervision auszuprobieren.

Die Polarität Regression/Erdung und die Arbeit zwischen diesen Polen

Bei dem psychoanalytisch orientierten Begründer der Kunsttherapie Ernst Kris hieß es, dass »Regression im Dienste des Ich« stehe, gesetzt, sie führe zur Re-Kreation. In der Gestalttherapie würde ich eher von einem bewussten Hier und Jetzt ausgehen, in welchem immer wieder entschieden wird, ob ich mich eher in eine regressive oder in eine geerdete Position begeben will.

Regression bedeutet: die Augen geschlossene zu halten, in mich gekehrt zu sein, zu schweben; meinen Fantasien und den Bildern, die aus dem Es auftauchen, nachzugehen, diesen einen hohen Wert beizumessen. Sich so zu verhalten, als sitze auf dem leeren Stuhl wirklich jemand. Aus der Regression entsteht der Funke der Kreativität, die Kunst, entstehen die Träume des Schlafs und des wachen Zustands.

Erdung bedeutet: Füße auf den Boden zu setzen; sich bioenergetisch zu »grounden«; mit dem Blick nach vorn zu greifen; sich zu orientieren und sich zu entscheiden, Verantwortung zu übernehmen; zu akzeptieren, dass, so wichtig die Regression ist, der Moment kommen kann, wo wir diese verlassen müssen, wenn wir im Hier und Jetzt mit Gewahrsein handeln wollen. In der psychoanalytischen Mythologie entspricht Regression beispielsweise dem Moment, wo der Kot, den die Kinder den Erwachsenen (oder wo die Geschichte, die die Patient:innen ihren Analytiker:innen) anbieten, zu Gold wird. Erdung entspricht dem Moment, wo es wichtig wird, dass Kot einfach Kot ist. Ohne Erdung führt Regression ins Leere; Erdung ohne Regression hat keinen Sinn für ein Leben als Mensch. In der Therapie brauchen wir beides, und wir müssen lernen, uns dazwischen flexibel zu bewegen. Bei schweren psychischen Leiden ist solch eine Flexibilität nicht (mehr) vorhanden; die Patient:innen verharren meist auf der Seite der Regression.

Ich-Funktion, Wahn und Psychose

Der vorliegende Text ist ein eher praktischer Beitrag, sodass die Theorie der Psychose nicht vertieft werden soll. Allerdings ist mir der Teil der Theorie wichtig, der die Relation zwischen dem produzierenden und dem hemmenden Teil des Selbst betrifft. Es gibt einen tieferen, neurologisch gesehen im limbischen System zu verortenden Teil des Selbst, der viel an Gedanken, Verbindungen, Aufmerksamkeitspunkten, Plänen, Fantasien usw. produziert. In seiner Theorie des Bewusstseins vergleicht Daniel Dennett diesen Teil mit dem Pandemonium, in welchem viele Teufelchen zusammen kommen, unordentlich, ohne Kohärenz anzustreben. Hier gibt's keine Grammatik. Keine Negation. Keine Logik. Widersprüchliche Gedanken können gleichzeitig existieren. Mir fällt die Überkreativität uralter Gottheiten ein, wie Uranos: Überall, wo er ejakulierte, entstand etwas; nur dass es irgendwann keinen Raum mehr gab, um vernünftig zu existieren. Und dann ist da die Vernunft, die versucht, der Welt einen Sinn zu geben; diese sitzt neurologisch gesehen im Frontalkortex und wirkt (ebenfalls neurologisch gesehen) meist hemmend. Durch sie wird nur einer von zwei widersprüchlichen Gedanken zum bewussten Selbst durchgelassen, vor manche Gedanken setzt sie ein »falsch« oder ein »vielleicht«, sie entscheidet über Prioritäten, Unwichtiges blendet sie aus. Im mythologischen Vergleich wäre das Chronos, die Zeit, Sohn von Uranos, die Darstellung der Grenze (später mit dem Schein des Todes und mit der Sichel abgebildet): Der Schöpfung werden Grenzen gezogen. Damit erst wird Ordnung und eine sinnvolle Existenz möglich. Chronos schneidet Uranos die Genitalien ab; sie fallen ins schäumende Meer und vermischen sich mit ihm. Aus dem Gemisch wurde Aphrodite geboren, damals Göttin nicht nur der Liebe, sondern auch der harmonischen Schöpfung, also Produkt dieser zwei kosmischen Väter.

In der Psychose ist der Prozess vernünftiger Erdung gestört, es wird zu viel produziert und es gibt zu wenig Beschränkung. Auch die Grenzen zwischen Ich und Nicht-Ich sind nicht mehr vorhanden, es wird unklar, ob meine Gedanken wirklich meine Gedanken sind (innerhalb von meinem Körper) oder von außen kommen, oder durch jemand Anderen kontrolliert werden. Ein »vielleicht« lässt sich nicht mehr einsetzen: Zwei Blätter an einem Baum, die vielleicht Augen sein können, sind ganz einfach zwei Augen; sie beobachten mich. Es scheint, dass die Figuren auf den Plakaten mit mir reden wollen; in der Psychose gibt es kein »es scheint so, als ob ...«: Die Plakate verkünden mir Botschaften, das steht fest. Damit sind starke Emotionen, sehr oft Ängste, verbunden, Ängste, denen auch keine Grenze gesetzt werden, und die die ganze Welt verfärben und verformen (wie in dem berühmten Gemälde »Der Schrei« von Edvard Munch).

Liebeskummer. – Erleben wir selber nicht auch psychotische Zustände, die wir benutzen können, um unsere Empathiefähigkeit zu erweitern? Ja klar, beispielsweise in Träumen, aber nicht nur dort. Die meisten von uns kennen Liebeskummer. Liebeskummer ist ein gutes Beispiel, denn durch ihn sind wir in feste Gedanken verwickelt, die den Realitätsbezug verlieren. »Ich kann ohne den, ohne die nicht mehr leben, das Leben geht nicht weiter …«, total realitätsfremd. Mit solchen Gedanken sind ebenfalls starke Emotionen verbunden: Wir wähnen uns im Dunklen, spüren einen Druck auf Brust und Kopf, der Kopf ist vollgestopft mit Grübeln (»warum?«, »was, wenn …?«), wir fühlen uns isoliert und allein. Am Abend treffen wir allerdings einen Freund, vielleicht finden wir einen guten Kontakt (manchmal aber auch nicht), sind für einige Stunden abgelenkt. Mit der Zeit werden solche Momente immer häufiger und wichtiger, bis der Kummer ganz weg ist, in Wochen, Monaten, Jahren … aber irgendwann schon. In der Psychose funktioniert das nicht und geht auch nicht weg, wir bleiben dann ganz drin. So lautet mein Vorschlag, derartige Zustände mittels Erinnerung in uns aufleben zu lassen, sich in das hineinzuversetzen, was wir damals waren, auch die begleitenden Gefühle wiederzubeleben, eventuell mittels einer Meditation zu vertiefen. Das kann uns ein Gespür dafür verleihen, wie es ist, sich in einer Psychose zu befinden.

»Ich bin schlecht.« – Einmal hatte ich einen Patienten im Krankenhaus, der Stimmen hörte, die ihm sagten, er sei ein Pädophiler und solle besser sterben. Er hatte keine pädophilen Fantasien, hatte nie mit pädophilen Vorstellungen onaniert, es gab insgesamt keinen Anhalt dafür, dass er pädophil hätte sein können. Im Versuch, eine Verbindung zu ihm herzustellen, fiel mir ein, dass ich einmal auf einer dunklen Straße ging, wo sich sonst bloß eine ältere Frau befand; es kam mir der Gedanke, sie könne Angst vor mir haben, und es entwickelte sich eine Reihe Assoziationen (die natürlich auch noch weitere Bedeutungen haben können, die sind aber hier unwichtig): Worin könnten eigentlich ihre Ängste bestehen? Zum Beispiel, dass ich sie berauben will. Oder vergewaltigen. O, dann wäre ich ja gerontophil (und was sich bildlich damit verbindet). Solche Gedanken können vielleicht eine Minute andauern und bald sind sie wieder vergessen. Nicht jedoch, wenn ich mich in einer Psychose befinde, dann kann ich nicht mehr davon lassen, dann füllt sich mein Kopf mit Grübeln an, sodass kein anderer Gedanke einen Platz findet; es gibt auch keinen Zweifel, dass ich ein so schlechter Mensch bin. Pädophil ist das schlechteste, was es geben kann. Als relativ gesunder Mensch kann ich mir die Frage stellen: Wie wäre es, wenn ich pädophil wäre? In der Psychose ist das keine Frage mehr. Die Stimmen hämmern es mir ein. Eine ähnliche Art Gedanken, die vielleicht weniger mit Emotionen gebunden ist (wie in dem vorherigen Beispiel), können wir auch in uns hervorrufen, mittels Meditation verstärken, und wieder ein Gespür für Psychose bekommen. Trotzdem gelingt das nicht ganz; oder zumindest ist es mir noch nie gelungen, Stimmen zu hören.

»**Die Welt ist nicht wirklich.**« – Als Kind spielte ich oft mit Gedanken wie: Ich bin nicht wirklich von dieser Welt, vielleicht komme ich von einem anderen Planeten und sie machen mit mir gerade ein Experiment. Aber andere Leute bekämpfen das Experiment, und sie versuchen, mich abzumurksen. Die schwarzen Punkte im Essen (Gewürze in der Pastasoße) sind eigentlich Gift. Was habe ich dann gemacht? Weiter gegessen, weil ich so stark nicht daran geglaubt hatte und mein Hunger stärker war. Obendrein hätte ich mich geschämt, solche Gedanken zu äußern (und wenn es alles stimmt, besser dumm spielen und nicht sehen lassen, dass »ich es weiß«). Ich gehe davon aus, dass es nicht nur bei mir so war. Zeuge dafür ist ein großer Teil der (Kino- und TV-) Literatur für Kinder und Erwachsene: Viele der Kinderhelden haben eigentlich falsche oder andere Eltern; manchmal suchen sie ihre biologischen Familien. Filme wie *Matrix* oder *Die Truman Show* bauen auf diese psychotischen Anteile auf und werden wahrscheinlich auch deswegen geliebt, weil sie uns mit diesen Anteilen in Verbindung bringen: Das Selbst sucht Integration. Aber derartige Filme können wir auch bewusst einsetzen, um mit unseren eigenen psychotischen Anteilen in Kontakt zu treten. Wir können die psychotischen Gefühle vertiefen, die sich beim Anschauen solcher Filme entwickeln, vor allem zu Beginn: Der Zweifel an der Wirklichkeit der Welt ist fast real, wenn wir uns mit dem Helden identifizieren. Diese Identifikation mit den Helden jener Abenteuer oder mit uns selbst als Kind, als wir psychotische Gedanken hatten, kann uns helfen, für Menschen in der Psychose oder im Wahn mehr Empathie zu entwickeln.

Trugwahrnehmungen. – Wenn es dunkel ist, sehen wir in der Ferne manchmal dort, wo eigentlich etwa Bäume sind, eine tierische oder menschliche Figur und erschrecken gelegentlich sogar, um kurz danach wahrzunehmen, dass wir die Linien der äußeren Welt in einen Vordergrund umgeformt haben, der jedoch keinem materiellen Körper entspricht. In bestimmten Situationen können solche Ereignisse vermehrt oder intensiver vorkommen, so in den Übergängen zwischen Schlaf und Wachzustand (da, wo die Ich-Grenzen flüssiger werden), unter Einfluss von Substanzen wie Alkohol, Drogen oder bestimmten psychoaktiven Medikamenten usw. Im Wind oder in gewissen wortlosen Musikstücken hören wir bisweilen Stimmen. Solche Zustände lassen sich in Erinnerung rufen; oder man experimentiert damit, sie bewusst herbeizuführen. Mit unserer Vorstellungskraft können wir versuchen, die mit ihnen verbundenen Gefühle (etwa Schrecken) zu verstärken. Das vermittelt uns eine Ahnung davon, was Halluzinationen in einer Psychose mit sich bringen. Mit derartigen Zuständen habe ich persönlich weniger Erfahrungen, vielleicht schreibt jemand der Leser:innen etwas mehr hierzu.

Die Erdung danach. – Die meisten Leser:innen werden aus Erfahrung wissen, dass sie aus diesen Zuständen auch wieder heraus kommen können. Diese Fähigkeit lässt sich zudem trainieren. Die Gestalttherapie bietet mehrere Strategien zu solchem Zweck. Eine wichtige Rolle hierbei spielen Körperwahrnehmungsübungen, bioenergetische Konzepte wie das »Grounding« und zentrierende Meditationen. Alle wissen, dass die Rückkehr manchmal schwieriger ist, vor allem bei Liebeskummer oder unter Einfluss von Substanzen; solche Übungen können dann weiterhelfen, wenn wir entscheiden, die Regression beenden zu wollen. Das ist der entscheidende Moment, oder der Moment der Entscheidung. Die Entscheidung zu fällen, ist einerseits einfach (in dem Sinne, dass sie die Sache von einer Sekunde ist und eine geringe Komplexität aufweist: plötzlich sieht tatsächlich alles anders aus) und andererseits (oder vielleicht gleichzeitig) schwierig. Komplex mag die Vorbereitung sein, aber der Moment ist dann einfach und fließt nur so dahin. Die Entscheidung, die Regression zu beenden, bleibt nicht immer stabil. Psychische Erkrankung ist ein Zustand, in welchem eine solche Entscheidung nicht getroffen werden kann, oder noch nicht. In der Psychose liegen vielleicht hirnorganische Gründe vor, weshalb die Möglichkeit der Entscheidung nicht gegeben ist; in der Neurose liegt sie außerhalb des Bewusstseins, oder es ist einfach noch nicht entschieden worden. Eins der Ziele des Koans im Tao und im Zen besteht darin, einen derartigen Moment der Entscheidung zu triggern, den Gedankengang zu schütteln mit der Botschaft, dieser Weg, den du eingeschlagen hast, bringt dich nirgendwohin, jetzt ist erst einmal bloß Dasein angesagt. Weil er so einfach ist, kann man diesen Vorgang auch nicht wirklich beschreiben, nur andeuten, nur Hinweise geben, die bei den Leser:innen die Wahrnehmung solch einer Erfahrung hervorrufen.

Ich-Funktionen und Dissoziation

Eine Funktion des Ich besteht darin, die unterschiedlichsten Teile des Selbst im Hier und Jetzt zusammenzuhalten und zu integrieren, so z.B. hat mein Ich Zugang zum Gedächtnis; das Ich kann entscheiden, eine Bewegung zu unternehmen; die einzelnen Wahrnehmungen werden vom Ich verarbeitet und zu einer einheitlichen Wahrnehmung unserer Situation in der Erzählung integriert, die wir über uns selbst verfassen. Wenn Kommunikation und Interaktion zwischen diesen unterschiedlichen Teilen (Bewusstsein, Gedächtnis, Entscheidung, Bewegung usw.) nicht gut funktioniert oder ganz eingestellt ist, liegt eine psychische Dissoziation vor. Es gibt etwa dissoziative Krampfanfälle; Menschen, die im psychiatrischen Bereich keine Erfahrung haben, könnten diese als »falsche« oder »simulierte« Krampfanfälle bezeichnen. Das trifft von außen betrachtet zwar zu. Allerdings muss man dabei bedenken, dass das Ich des Betroffenen keinen Zugang zu der Entscheidung hat, diese Simulation zu unternehmen. Oder es gibt dissoziative Amnesien, bei denen der Zugang zum Gedächtnis getrennt ist; das geht bis hin zu Situationen, in denen ein Mensch seine Lebenssituation vergisst, vor ihr flieht und sich ein neues Leben schafft (die »Fugue«, »Dromomanie« oder »Poriomanie«). Bekannter sind vielleicht die Situationen, in denen wir erstarrt zur Wand schauen und den Eindruck haben, uns gar nicht bewegen zu können. Bei manchen Menschen kann dieser Eindruck so intensiv werden, dass es zu einem sogenannten Stupor kommt, das heißt: Es gibt keine Reaktion auf äußere Reize. Einen Stupor sehen wir beispielsweise oft bei traumatisierten Menschen. In einer Psychose wird der Stupor bisweilen so stark, dass die Erstarrung der Muskulatur bis zur Schädigung der Muskelzellen und zur Lebensgefahr führt (die »perniziöse Katatonie«).

Übelkeit. – Wie im letzten Beispiel zu sehen ist, kann eine Dissoziation unterschiedliche Schweregrade aufweisen. Die harmlose und vorübergehende Erstarrung vor der Wand (auf Italienisch gibt es dafür den Ausdruck »essersi incantato«, »[sich] verzaubert haben«) lässt sich als Modell benutzen, um zu versuchen, die schwerere Dissoziationen zu verstehen. Eventuell können wir probieren, diese Zustände in uns selbst hervorzurufen und zu intensivieren, und spüren hierbei, wie es sich anfühlt, in diese Zustände hinein- und aus diesen auch wieder herauszukommen. Oder ich experimentiere damit, mich so auf das Gefühl in meinem Bauch zu konzentrieren, bis ich tatsächlich anfange, Übelkeit zu spüren. Dann entscheide ich mich, dieser Übelkeit eine große Wichtigkeit zu geben, bis es mir unmöglich wird, eine bestimmte Aufgabe durchzuführen, weil es mir zu übel ist. Dass ich diese Entscheidungen getroffen habe, mag mir mehr oder weniger unbewusst sein. Ich bin überzeugt, dass alle von uns etwas Ähnliches in ihrer eigenen Geschichte finden können, wenn man genau hinschaut. Je nach Situation lassen sich in diesen Vorgängen unterschiedliche Kontaktunterbrechungen erkennen: Das Erstarren (die Selbstentrückung) hat stark retroflektive Komponenten. Ein psychosomatisches Symptom wie die oben beschriebene Übelkeit enthält sowohl retroflektive als auch projektive Aspekte (die Übelkeit ist dafür verantwortlich, dass ich dies oder das nicht machen kann). Dass eine Entscheidung sich außerhalb der Grenzen des bewussten Ich befindet, deutet auch auf Konfluenz hin. In der Dissoziation übernimmt man jedenfalls keine Verantwortung für das Geschehen; in diesem Sinne ist es keine Simulation.

Dissoziative Bewegungsstörung, eine Übung. – Zusätzlich zum Experiment mit der Übelkeit schlage ich eine weitere Übung vor. Sie entwickelte ich während meiner Arbeit mit einem Patienten, der an einer dissoziativen Bewegungsstörung litt. Später setzte ich sie dann noch einmal im Setting der Gestalttherapieausbildung ein. Erster Anlass, diese Übung für mich zu konzipieren, war der Kontakt mit einem dissoziativ in seiner Bewegung eingeschränkten Patienten: Plötzlich vermochte er das rechte Bein nicht mehr zu bewegen. Dass die Störung dissoziativ war, war aus mehreren Gründen klar: Es lagen keine organisch-neurologischen Pathologien vor, die Intensität der Symptomatik schwankte (bei einen Feueralarm konnte er deutlich besser laufen). Als ich ihn fragte, was an dem Tag passiert sei, an dem die Einschränkung der Beweglichkeit angefangen hatte, antwortete er: »Gar nichts.« Es sei ein schöner Tag mit herrlichem Wetter gewesen, er habe sich einen Tee bereitet, ein gutes Buch gelesen und dann plötzlich das Bein nicht mehr bewegen können. Ich wusste bereits etwas über seine Biografie. Seit kurzer Zeit waren er und seine Frau getrennt und die Kinder ebenfalls weit weg; so schaute ich mich im Vorder- und Hintergrund um und sagte: »Ein schöner Tag; allein.« Das löste auf seiner Seite eine starke emotionale Reaktion aus. Mein Zugang zu dem Symptom, zu welchem das Alleinsein bei ihm führte, war aber weiterhin verstellt. Damit ich mich besser in sein Symptom hineinversetzen konnte, suchte ich mir eine regressive liegende Position und begann wie im autogenen Training (»das Bein ist schwer«), Körpergefühle aufzurufen. Dies vertiefte und intensivierte ich, bis ich mich davon überzeugte, mein Bein nicht mehr bewegen zu können. Hierbei hilft es auch, die Gesichtszüge zum Beispiel willentlich zu einer Miene des Schmerzes zu verzerren, zu versuchen aufzustehen und sich schließlich so den Beweis zu holen, dass das Bein einfach paralysiert ist. Klar kannte ich solch ein Symptom sonst nicht, das heißt: Durch diese Übung erhielt ich nur einen Fingerzeig, wie dieser Mann sich gefühlt haben mag. Der Fingerzeig allerdings genügt bereits, um andere Teile von sich selbst zu entdecken und besser in Kontakt mit dem Patienten zu kommen. Ich beschreibe dies, um noch einmal zu unterstreichen, dass Empathie mit schwer gestörten Menschen nicht unmöglich ist, aber Übung braucht. Als gesunder Mensch (oder zumindest als Mensch, der nicht solch ein Symptom hat), konnte ich am Ende entscheiden, dass das alles »ein Quatsch« ist, ich konnte mich wieder erden, meinen Blick intensiv nach vorne richten, in die Welt hinausschreiten, und plötzlich war das Symptom weg. Ich empfehle, diese Übung zunächst mit einem Symptom zu machen, das einem fremd ist, und erst eigene Symptome zu benutzen, wenn man ein Gefühl dafür entwickelt hat, wie sie abläuft. Vielleicht entdeckt man dann etwas mehr über sich und die eigene Möglichkeit, Empathie auch für schwerere Störungen zu entwickeln.

Lügen. – Mir fällt noch ein Beispiel ein. Habt ihr mal (als Kind oder Erwachsene) eine Lüge über eine längere Zeit aufrecht erhalten müssen? Dafür musste man weitere Lüge entwickeln, um den Zusammenhang zu sichern; auch der emotionale Ausdruck musste an die Lüge angepasst werden. Irgendwann wird ein Gefühl erreicht, dass es eigentlich gar keine Lüge ist und ist es auch nie gewesen. Wir sind sogar (ernsthaft) beleidigt, wenn wir dafür als Lügner:in bezeichnet werden. Ich denke, bei vielen Politiker:innen passiert das beruflich oft, dass sie irgendwann von den eigenen Lügen echt überzeugt sind. Auch dies kann als dissoziativer Zustand gesehen werden. Es gibt auch ein pathologisches Lügen, wo die Menschen, die dem pathologischen Lügen verfallen und eine ganze andere Welt aufbauen (eine »Pseudologia Fantastica«); aber eine Spur davon kennen wir doch alle, oder?

Ich-Funktionen und Sucht

Bei Sucht ist die Steuerungsfunktion des Ich gestört; dies geht einher mit organischen Veränderungen, was es noch schwieriger macht, eine Empathie zu entwickeln, wenn man nicht in einem gewissen Grad auch selber betroffen ist. Ich persönlich habe mit Sucht tatsächlich weniger Erfahrung (oder mehr Widerstand?), so dass ich in diesem Bereich keine echte Übung anbieten kann. Aber, wie gesagt, dieser Artikel will nicht allumfassend sein. Andere, die das Thema interessant finden, können sich anschließen und in der Perspektive, dass Wissen ein gemeinsames Aufbauen ist (davon bin ich überzeugt), die Bereiche erkunden, die ich nicht behandelt habe.

Ich-Funktionen und Zwang

Auch bei Zwangsstörung ist die Steuerungsfunktion des Ich gestört. Schwere Zwangsstörungen beinhalten wahrscheinlich ebenfalls hirnorganische Komponenten. So gibt es etwa Autoimmunkrankheiten, die eine Zwangsstörung verursachen können; ein Beispiel ist die Autoimmunreaktion auf eine besondere Art Streptokokken. Darüber hinaus können Zwangsstörungen als Nebenwirkung bei manchen Medikamenten auftreten.

Aber ich denke, dass wir alle dennoch eine Spur von Zwang begreifen können. Viele von uns sind schon mal zurückgekehrt, um zu kontrollieren, ob wir die Tür wirklich abgeschlossen haben; vielleicht waren wir auch schon spät dran zum Termin, und trotzdem mussten wir das kontrollieren, andernfalls hätten wir vor Sorge gar nicht weiter gehen können. An solche Handlungen sind mehr oder weniger katastrophale Vorstellungen gebunden: Diebe werden all unsere Sachen stehlen, die für uns so wichtig sind, ohne die wir vielleicht meinen, nicht leben zu können. Manchmal sind die Konsequenzen weniger klar, aber vermitteln gleichwohl ein katastrophales Gefühl: Haben wir schon mal die einzelnen Stufen beim Treppensteigen gezählt und uns geärgert, wenn wir den Faden verloren haben? Worüber haben wir uns eigentlich da geärgert? Der Ärger hat nichts mit der Realität zu tun und ist damit eine regressive Position. Als ich Kind war, hatte mir eine Tante gesagt, wenn man den Tisch vorbereite und das Besteck auf dem Teller gekreuzt hinlege, wünsche man der Person den Tod, die dort sitzen wird. Noch heute beunruhigt mich gekreuztes Besteck. Wenn ich irgendwo zu Besuch bin und es sehe, »muss« ich Messer und Gabel entkreuzen oder mit Mühe meine ganze Erdung einsetzen, um es sein zu lassen (manchmal versuche ich auch, es unbemerkt zu machen, weil ich mich schämen würde, würden mich der Gastgeber oder die anderen Gäste dabei ertappen). Vielleicht kennt ihr auch so etwas Ähnliches. Das gleiche gilt für all die abergläubischen kleinen Handlungen: Wir glauben »eigentlich« nicht daran, aber trotzdem …

Schwere Zwangserkrankungen sind eine Steigerung solcher Gedanken und Handlungen. Wenn es ganz schlimm wird, kann der betroffene Mensch sich nicht mehr erden, nicht mehr ablenken von den möglichen katastrophalen Folgen des Unterlassens bestimmter Handlungen. Es besteht aber keine Ich-Störung im schizophrenen Sinn: Es ist klar, dass die Gedanken innerhalb vom Selbst erzeugt werden; aber die Kontrolle über die Gedanken geht verloren (das ist auch wieder eine Dissoziation). Die meisten von Zwangserkrankungen betroffenen Menschen glauben auch nicht zu 100 %, dass diese katastrophalen Folgen wirklich eintreten könnten, wenn sie die Handlungen unterlassen würden, und können sie trotzdem nicht unterlassen. Manchmal gibt es auch gar keine Vorstellung darüber, was die Folgen sein könnten. Anderseits, wie viele von unseren heutigen hygienischen Maßnahmen sind wirklich notwendig, um Seuchen oder Krankheiten vorzubeugen? Oft handelt es sich auch um ein quasi religiöses Ritual, und wir fühlen uns ganz schlecht, wenn wir es nicht aufführen; wir schaffen es freilich manchmal doch, was zwangskranken Menschen unmöglich ist.

Letztens habe ich erfahren, dass Zählzwang in unterschied-lichen Mythen bei teuflischen Wesen vorkommt: etwa im sardischen Schamanismus bei teuflischen Hexen oder in den baskischen Legenden von den Teufelchen (siehe den Film *Errementari* [2018]): Ein Weg, um sich vor diesen Wesen zu schützen, besteht darin, Samen auf dem Boden zu streuen. Die Wesen können sich dann nicht mehr bewegen, bis sie alle Samen gezählt haben. Sie schaffen das aber nie, weil die Samen wild durcheinander liegen; so bleiben sie blockiert. Im Moment erfasse ich noch nicht vollständig, was der Mythos an Unbewusstem alles anspricht; fürs erste würde ich jedoch ab-leiten, dass im Unbewussten aller Zwang eine Rolle spielt.

Depression und Angst

In diesem Abschnitt der »empathischen Psychopathologie« schreibe ich nicht viel, weil ich denke, dass Depression und Angst Bereiche sind, in denen es auch ohne viel Training ge-lingt, eine angemessene Empathie zu entwickeln. Jeder kennt Traurigkeit, und die meisten auch diese so intensive und lange Traurigkeit, die uns die Lust zu feiern oder mit Menschen zu-sammen zu sein raubt. Wir haben einfach keine Energie mehr, und es ist der Punkt erreicht, an dem wir nicht mehr denken oder fühlen können. Da tappen wir im Dunkeln, in einer sehr regressiven Position, die manchmal notwendig ist, um zuzu-lassen, dass in unbewussten Teilen des Selbst die Verarbeitung einer schwierigen Situation weiter geht. Manchmal aber ist es nicht notwendig, solch eine regressive Position einzunehmen, sondern nur krankhaft. Manchmal verstärken wir Gefühle wie Traurigkeit auf eine dissoziative Art, weil wir deutlich machen wollen, dass es uns schlecht geht und wir getröstet werden müssen, oder dass wir wirklich nicht zur Arbeit gehen können. Zu solchen Phänomenen kommt es bei depressiven Menschen um so verstärkter, je schwerer die Depression ist, bis die Lust zu leben verloren geht; im Gegenzug tritt Suizidalität ein.

Auch die Angst kennen wir alle (mehr oder weniger). Allerdings können wir diese meist als nicht gerechtfertigt einstufen, oder wir tun das, wovor wir Angst haben, trotzdem, weil wir wissen, dass man Risiken eingehen muss, um sinnvoll zu leben. Viele kennen freilich auch die Angst, die zur Blockade führt. Darum ist es für uns auch irgendwie nachvollziehbar, was bei Menschen vor sich geht, die auf diese Ängste so konzentriert sind, dass sie z. B. ihre Wohnung nicht mehr verlassen können. Wir können einfach erfassen, was in der inneren Welt unseres Gegenübers passiert, wenn wir sehen, dass sie oder er schwitzt, in die Leere schaut oder beunruhigt ist und schnell redet. Das können wir als Steigerung von Gefühlen begreifen, die fast jeder von uns kennt.

Persönlichkeitsfunktion und Persönlichkeitsstörungen

Klassifikation und Verständnis der Persönlichkeitsstörungen befindet sich im Umbruch. Bislang lag der Schwerpunkt auf der Klassifikation von unterschiedlichen Typen (schizoid, ängstlich-vermeidend usw.). Diese Klassifikation verliert im wissenschaftlichen Verständnis gerade ihre Kraft: Es gibt zu viel Überlappungen und Komorbiditäten zwischen den Typen, starke Variationen innerhalb eines Typus. Einige der Gründe für die Schwierigkeiten bei der exakten Diagnose ist die fragliche empirische Korrelation zwischen Symptomen und hypostasierter Grunderkrankung. Im ICD-11, in Kraft seit Januar 2022, und bereits im DSM-5, verzichtet man auf klare Klassifikation und fokussiert sich auf die Funktionalität einer Persönlichkeit (als Zusammenhang von Persönlichkeitszügen) in unserer konkreten Gesellschaft. Eine Ausnahme bildet der Borderline-Typ, der eindeutigere Eigenschaften hat. Die Erforschung von Persönlichkeitszügen ist sehr alt; ich würde sagen, die Astrologen im Orient begannen vor über 3 000 Jahren mit der Beobachtung, dass es Persönlichkeitszüge gibt, also stabile Muster, mit denen ein Individuum mit der Umwelt interagiert, und dass gewisse Züge bevorzugt miteinander kombiniert auftreten. Zum Beispiel hat jemand, der häufig gekränkt und beleidigt ist, oft auch die Tendenz, andere Menschen unempathisch für seine Zwecke zu instrumentalisieren (zwei Züge, die man heute zur narzisstischen Persönlichkeit zählt). In bestimmten sozialen Zusammenhängen werden einige dieser Kombinationen pathologisch, denn sie führen zu einem dysfunktionalen Verhalten, das die Person oder ihre Umwelt immer wieder in Schwierigkeiten oder Leiden bringt.

Die Persönlichkeitsfunktion des Selbst ist im Grunde genommen die Geschichte, die wir uns über uns selbst erzählen: Bei der Erzählung unserer Geschichte greifen wir auf uns und den Zuhörern bekannte Persönlichkeitszüge wie »schüchtern«, »ängstlich«, »furchtlos«, »mutig« usw. zurück. Diese »Selbsterzählung« beeinflusst wiederum unser Verhalten im Hier und Jetzt; sie ist die Kontinuität, die uns den Eindruck gibt, etwas Einheitliches zu sein. Wahrscheinlich haben wir im Laufe unseres Lebens Interaktionsmuster ausprobiert, die normalerweise dem einen oder dem anderen Typus einer Persönlichkeit angehören, und irgendwann legten wir bestimmte Züge als am effektivsten fest und machten sie zum Teil unseres Selbstbildes. »Ich bin einfach so«, ist ein Argument, gegen das alles Reden zwecklos ist und nur auf eine Wand trifft. Aber hat uns das »ich bin einfach so« nicht oft schon in Schwierigkeiten gebracht? Es wäre effektiver gewesen, wenn wir anders gehandelt hätten, aber »es ging einfach nicht«. Die Muster, die früher effektiv waren, sind es im Hier und Jetzt bisweilen nicht. Manchmal haben wir bei dem Gedanken, anders zu handeln,

Angst gehabt, »uns selbst zu verlieren«. Bei den sogenannten Persönlichkeitsstörungen ist die Starrheit der Persönlichkeit viel stärker ausgeprägt und darum tritt eine solche Angst, sich selbst zu verlieren, häufiger auf; Veränderungen sind schwerer zu realisieren als bei der Mehrheit der Menschen. Das vervielfacht die Schwierigkeiten.

»Uns selbst zu verlieren«, das ist ein interessanter Ausdruck. Drückt er eine unrealistische und regressive Angst aus? Was bedeutet er eigentlich? Was würde passieren, wenn »ich mich selbst verliere«? Vielleicht finde ich einfach etwas Schöneres, oder etwas, das in der Welt besser funktioniert. Viele Meditationen und Formen der Spiritualität haben u. a. das Ziel, die Fixierung auf das aktuell feste Ich zu bekämpfen. Einerseits gibt uns die Persönlichkeit eine Möglichkeit zu existieren, anderseits schließt sie uns von unendlichen anderen Möglichkeiten des Daseins aus. Unsere Rigidität dabei, unser Selbstbild aufrecht halten zu wollen, lässt sich unter Umständen beugen, wenn es notwendig ist. Ich verstehe mich vielleicht als freizügig, kann aber auch schon mal egoistisch handeln, wenn ich sehe, dass es im Hier und Jetzt die einzige vernünftige Möglichkeit darstellt. Aber das ist schwierig. Und bei Persönlichkeitsgestörten unmöglich. So können wir unsere eigene Schwierigkeit bei der Flexibilität als Spur nutzen, um die Unmöglichkeit von Anderen zu verstehen, wenn es darum geht, sich selbst zu verändern.

C. G. Jung sprach von Komplexen des Selbst; damit meinte er, es gebe in uns unterschiedliche Möglichkeiten einer Persönlichkeit (vielleicht unterschiedliche Persönlichkeiten). Unter normalen Umständen ist nur einer von diesen Komplexen bewusst, der »Ich-Komplex«. In den Träumen oder in der Psychose können andere Komplexe die Kontrolle übernehmen. In seinem »Roten Buch« versuchte er, mit anderen Komplexen Kontakt aufzunehmen, was auch eine Übung ist, die eigenen Möglichkeiten vom Dasein zu erweitern.

Darüber hinaus schlage ich hier noch vor, die Hemmungen zu kontaktieren, anders zu sein, als wir normalerweise sind. Mit dieser Übung erhalten wir eine Ahnung, wie es ist, wenn die Persönlichkeit so starr ist, dass es zu einer »Pathologie« kommt. Über die einzelnen Typen der Persönlichkeitsstörungen kann man eventuell in der Literatur nachlesen und versuchen, sich mit ihnen zu identifizieren; das gelingt meistens ganz gut. Dass es schwer fällt, Muster des Verhaltens abzuwandeln, ist gemeinsam und wesentlich für alle Persönlichkeitsstörungen. Eine Empathie hierfür zu entwickeln, halte ich für möglich und für therapeutisch zentral. Wenn ich mich selbst als freizügigen Menschen verstehe, probiere ich bei Gelegenheit aus, mich zu verweigern, jemandem einen Gefallen zu tun. Wenn ich mich als einen ruhigen und ausgewogenen Menschen verstehe, experimentiere ich mit Verhaltensweisen, unter vielen fremden Menschen einfach unvernünftig mit mir selbst laut zu reden, fremden Menschen plötzlich eine dumme Frage stellen. Und so weiter. Die Angst, eine »schlechte Figur zu machen«, hat klare narzisstische Komponenten, aber nicht nur, sie enthält auch den Aspekt, nicht sich selbst verlieren zu wollen. Diese Angst zu kontaktieren ist, denke ich, eine sehr wichtige Reise für die Selbstentwicklung.

Konklusion

Mein Ziel mit diesem Beitrag war es, das Vorurteil in Frage zu stellen, mit schweren (psychiatrischen) psychischen Störungen sei keine Empathie möglich. Gleichzeitig wollte ich impressionistische Hinweise geben, wie man die Empathie in diesen problematischen Fällen trainieren kann, zumindest hinsichtlich der Komponente, »sich in den anderen hineinversetzen zu können«. Empathie reagiert auf Impressionen und weniger auf ein systematisches Vorgehen, daher der »impressionistische« Stil, den ich hier gewählt habe. Zusätzlich will ich noch einmal betonen, dass ich diesen Beitrag als Teil einer kollektiven wissenschaftlichen Arbeit verstehe, und würde mich freuen, diese Arbeit auch mit anderen zu besprechen, die vielleicht Weiteres dazu beitragen wollen.

Schließlich hoffe ich auf Resonanz meiner Impressionen in der Art, dass Andere von ihnen profitieren, für sich selbst und für ihre Arbeit mit anderen Menschen.

Gabriele Blankertz

KONTAKT: DER WEG ZUR HEILUNG
Gestalttherapeutische Langzeit-Begleitung

1. Die Ausgangsfrage:
Was hat die Gestalttherapie bei komplexem
psychischem Leiden anzubieten?

Im Folgenden stelle ich dar, was Gestalttherapie so wertvoll
für den klinischen Bereich und zu einem wichtigen Baustein
einer angemessenen psychiatrischen Versorgung langfristig
erkrankter Menschen machen könnte. Ein Vorurteil besagt
zwar, Gestalttherapie sei eher für »gesündere« Klienten geeignet als für schwerer psychisch erkrankte Personen; jedoch
leisten inzwischen viele Gestalttherapeuten im Rahmen der
psychiatrischen Versorgung einen wesentlichen Beitrag zur
Verbesserung der psychischen Gesundheit ihrer Patienten.
Häufig sind es sozio-therapeutische Aufgaben, mit denen
Kollegen betraut sind. Aber auch Fachärzte mit einem gestalt-
therapeutischem Hintergrund sind in diesem Feld aktiv. Ich
möchte hier auf die Beiträge zu den psychotherapeutischen
Anwendungsgebieten bei klinisch psychiatrischen Diagnosen
von Gianni Francesetti und Alessio Zambon hinweisen.
An einem Fallbeispiel aus meiner etwa zwanzigjährigen Erfahrung mit dem Berliner »Sozialpsychiatrischen Dienst«
möchte ich in diesem Beitrag veranschaulichen, wie wertvoll
eine Langzeit-Begleitung mit der gestalttherapeutischen Haltung bei langwierigem psychischen Leiden sein kann. Dabei
möchte ich die These von Alessio Zambon nachdrücklich
unterstreichen, dass es gut möglich ist, als Therapeutin für
Menschen mit komplexem psychischen Leiden eine durch

Empathie bestimmte stabile Beziehungsebene zu entwickeln. Für mich hat sich in diesem Zusammenhang das Modell des »Kontaktes« in der therapeutischen Arbeit als besonders hilfreich und wirkungsvoll erwiesen.

2. Das Fallbeispiel: Begleitung einer Klientin mit diagnostizierter schizoaffektiver Störung

Bei dem Fallbeispiel, das ich heranziehe, handelt es sich um die Begleitung einer psychisch kranken Frau, die beim Sozialpsychiatrischen Dienst um Unterstützung gebeten hatte, weil sie nach zwei Klinikaufenthalten ihren Alltag nicht mehr gut bewältigen konnte. In der Klinik wurde die Diagnose »Schizoaffektive Störung« gestellt. Sie war über die gesamte Dauer unserer Zusammenarbeit in Behandlung bei einer Ärztin der Klinik. Ich hatte einen sozialtherapeutischen Arbeitsauftrag. Für mich stand das Erleben der Frau und die Gestaltung einer stützenden, sie psychisch stabilisierenden Arbeitsbeziehung im Vordergrund. Die Erkrankung bestand mit den Leidenserfahrungen der Frau über den gesamten Zeitraum von achtzehn Jahren. Die Begleitung ermöglichte mir tiefe Einblicke in die langfristige Entwicklung einer fragilen und komplex »verstörten« Persönlichkeitsstruktur und brachte mir viel Erkenntnis über die Auswirkungen von früher Vernachlässigung und Gewalterfahrung auf die psychische Stabilität eines Menschen sowie über Möglichkeiten, mit dem gestalttherapeutischen Blick für nährenden Kontakt langfristig erfolgreich zu arbeiten. Diese Erkenntnismomente und die Entwicklung der Klientin im Laufe der achtzehn Jahre haben mich in meiner Haltung als Gestalttherapeutin geprägt; nicht nur habe ich sie, sie hat auch mich begleitet, so dass ich mit ihr lernen durfte und wir uns gemeinsam entwickelten. So gesehen waren wir

Lern-Partner in einer für sie schwierigen Zeit. Die Beendigung der Arbeit liegt nun einige Jahre zurück und für diesen Beitrag greife ich eine Auswahl mir passend erscheinender Erfahrungsmomente heraus, mit denen Hilfe ich meine Überlegungen veranschaulichen möchte.

Die formale Struktur dieser achtzehnjährigen Begleitung der Klientin gestaltete sich so, dass ich sie im Rahmen der durch den Sozialpsychiatrischen Dienst gewährten »Eingliederungshilfe« zunächst zweimal und später einmal wöchentlich zu Hause aufsuchte; in dem weiteren Prozess der Begleitung erwies es sich als unterstützend, dass sie zu mir in der Praxis kam. So hatte sie einen Anlass, ihre Wohnung zu verlassen, was einen gewissen Impuls setzte, nach außen in die Welt zu gehen. Hinzu kam eine gelegentliche Begleitung zu Terminen bei Ämtern, die sie überforderten und ein hohes Maß an Stress produzierten. Sie nahm alle Termine dankbar und mit hoher Verbindlichkeit wahr.

3. Struktur und Differenzierung – der unstrukturierte, nicht differenzierte Erfahrungshintergrund

Das »Kontakt-Modell« in der Gestalttherapie beschreibt den Prozess des Erlebens in aufeinander folgenden Phasen mit bestimmten Merkmalen. Grob werden vier Phasen unterschieden: Vorkontakt, Kontakt zu sich selbst und zur Umwelt, Vollzug des Kontaktes (oder Aggressionsphase) sowie Nachkontakt.

Der Vorkontakt ist gekennzeichnet durch innere Unruhe und noch unklare allmählich aufkommende Bedürfnisse. Hier baut sich Spannung auf, die wir in der Gestalttherapie Aggression nennen. Durch konzentriertes Wahrnehmen differenzieren sich diese diffusen Empfindungen in klarer werdende Bedürfnisse. Beispielsweise kann Hunger spürbar werden. Der Kontakt zum eigenen Körper, mit der Empfindung von knurrendem Magen führt unmittelbar zu einer Suchbewegung, die in den Kontakt mit der Umwelt mündet. Wenn passende Nahrung gefunden wird, findet die Aufnahme der Nahrung und damit deren Zerkleinerung satt. Hier ist die Energie oder Aggression an ihrem Höhepunkt. Das Zerkleinern der Nahrung ist für den im Anschluss folgenden Verdauungsvorgang wesentlich. Der Nachkontakt ist gekennzeichnet durch abfallende Energie, Spüren der Sättigung, Entspannung. Für emotionale oder geistige Bedürfnisse gilt dieser Vorgang gleichermaßen.

Die Vorkontakt-Phase ist gekennzeichnet durch undifferenzierte Spannung. Aus diesem undifferenzierten Zustand hebt sich durch Konzentration ein Bedürfnis ab und tritt in den Vordergrund, wird Figur. Das Gelingen einer Figur-Bildung ist abhängig davon, dass das Individuum in der Lage ist, Eigenes von Fremdem zu unterscheiden und so eine Selbst-Grenze zu bilden. Der symbiotische Zustand vor der Bildung einer sicheren Selbst-Grenze kann bei deren Auflösung in einen psychotischen Zustand münden.

Laut Gianni Francesetti gelingt es einem in der psychotischen Erfahrung nicht, die prä-personale Phase vor der Bildung einer Gestalt zu überwinden, sodass eine Gestalt sich bilden und aus dem Hintergrund in den Vordergrund treten kann. Dann sei man in einer Welt ohne definierte Grenzen gefangen, einer ruhelosen Welt, in der keine Kommunikation möglich ist, die einen passiv macht und keine Option zu einem sinnvollen Handeln eröffnet; aus ihr gebe es kein Entrinnen. Wahn und Halluzination sind nach Francesetti Ausdruck der kreativen Anpassung, die in dieser »Albtraumwelt« verwendet werden, um zu entkommen, zwar nicht in eine Welt, die man mit Anderen teilen kann, aber zumindest in eine, die schließlich eine bestimmte Form angenommen hat. Das psychotische Erleben hält die Person auf einer Stufe der Wahrnehmung ohne Differenzierung fest, sie fühlt sich verloren und agiert ihre Verwirrung durch Wahnvorstellungen, Halluzinationen und einen Rückzug ins Unaussprechliche aus. Aufgrund der psychotischen Erfahrung ist man, wie Francesetti sagt, nicht in der Lage, die undifferenzierten »Vorgestalten« hinter sich zu lassen, um eine gemeinsame Welt zu betreten:[1]

»Im psychotischen Erleben ist die Patientin nicht in der Lage, aus dem Undifferenzierten, aus dem jede Wahrnehmung hervorgeht, herauszutreten. [...] In dieser Dimension sind die Erfahrungs-Polaritäten, die sich zu Subjekt und Objekt entwickeln, noch nicht konstituiert. [...] Aber wenn die Erfahrung noch nicht die Unterscheidung zwischen Subjekt und Objekt erreicht hat, gibt es keine Sprache, um das Erlebte auszudrücken.«[2]

Die therapeutische Intervention besteht in solch einer Situation darin, ein Gegenüber zu sein für den Prozess der Ich-Werdung und der Ausdifferenzierung von Wahrnehmung. Martin Buber sprach vom Ich-Werden am Du. Daniel Stern betont die Intersubjektivität im Prozess der Selbst-Werdung. Soweit die Theorien. Wie sah die Praxis aus?
Als ich der Klientin das erste Mal beim Sozialpsychiatrischen Dienst begegnete, war sie nach zwei psychotischen Zusammenbrüchen mit längeren Klinikaufenthalten bereits »gut« auf Medikamente eingestellt. Die akute psychotische Symptomatik war in den Hintergrund getreten. Über die Wirkung und Nebenwirkung der Medikamente erfuhr ich von der Klientin, was sie als hilfreich und was als belastend empfand. Insgesamt fühlte sie sich durch die Medikamente aber eher unterstützt. Die Klientin litt an Schlafstörungen, der Tag- und

---

1 Siehe im vorliegenden Band S. 23 und S. 25f.
2 Gianni Francesetti, *Grundlagen einer phänomenologisch-gestalttherapeutischen Psychopathologie* (2020), Gevelsberg 2022, S. 55.

Nachtrhythmus war durcheinander. Sie beschrieb sich als erschöpft, als depressiv und als antriebslos. Besonders abends überfiel sie der unkontrollierbare Drang, Süßes zu essen, wofür sie sich verurteilte.

Sie wirkte auf mich apathisch, aber dennoch voller innerer Unruhe. So wenig fest sich ihr Händedruck anfühlte, so wenig Festigkeit empfand ich bei ihr als mein Gegenüber. Sie blieb nicht »greifbar«. (Diese Erfahrung und Beobachtung machte ich wohlgemerkt, lange bevor ich Francesettis theoretische Erklärung dafür las.)

Der Sozialpsychiatrische Dienst hatte mich beauftragt, ihr bei der Strukturierung des Alltags und bei der Erledigung von Ämterangelegenheiten beizustehen. Dies war es auch, was ich vordergründig tat. Allerdings bestand meine Hintergrund-Arbeit zu einem großen Teil darin, sie dazu einzuladen, ihre Erfahrungen genauer zu untersuchen und damit in eine Aufmerksamkeit zu bringen, die Differenzierungen ermöglichen konnte. Ärger von Unlust zu unterscheiden, Enttäuschung von Traurigkeit, etc. Mehr noch: Es ging ganz grundlegend darum, physische Wahrnehmungen zu differenzieren, sich körperlich wahrzunehmen und zu spüren, wie sie mit und in ihrem Körper fühlt. Bedürfnisse von Vermeidung zu unterscheiden. Diese Arbeit an der Wahrnehmungs- und Spürfähigkeit half ihr, mehr Festigkeit und Halt in sich zu finden, sich auf diese Weise kennen zu lernen und eine Identifikation zu erlangen.

Als sie zwei Jahre nach Beginn unserer Arbeit einen Kur-Klinikaufenthalt antrat, der ihr von ärztlicher Seite empfohlen worden war, erlitt sie in der Einrichtung erneut eine psychotische Episode. Nach ihrer Rückkehr berichtete sie, während ihrer Psychose sei sie zwar nicht mehr in der Lage gewesen, sinnvoll zu kommunizieren. Ihre Worte hätten keinen Sinn ergeben; und sie merkte, wie sie die Kontakt-Möglichkeit zur Umwelt zunehmend verlor. Nichtsprachlich fand sie aber Halt einerseits in der Hand einer Krankenschwester, die ihre Hand hielt und ihr auf diese Weise beistand. Und andererseits sei ihr unsere gemeinsame Arbeit an der Wahrnehmung in der Erinnerung präsent geblieben; dies habe sie als kräftigend für sich erlebt, weil es ihr geholfen habe, einen inneren Ankerplatz und somit Ruhepunkt in dieser Krise zu finden. Im weiteren Verlauf kam es zu keinen psychotischen Schüben und daraus folgenden Klinikaufenthalten mehr.

4. Emotionale Differenzierung – der Konfluenz widerstehen, Projektion überprüfen

Emotionen als die eigenen zu erkennen und jene der Anderen als nicht-eigene abzugrenzen, sich von Stimmungen und Atmosphären nicht anstecken zu lassen, ist für viele Menschen, insbesondere wenn sie Psychose-gefährdet oder -erfahren sind, kein leichtes Unterfangen. Es droht eine emotionale Überflutung, wenn die Grenzen zum Anderen, zur Umwelt nicht ausreichend gefestigt sind. Die Regulation der Grenze ist ein fortwährender komplexer Prozess. Für diesen Prozess brauchen Menschen, vor allem wenn ihre Selbst/Grenzbildung gestört ist, Unterstützung in Form eines womöglich therapeutisch geschulten Gegenübers zur Co-Regulation.

Diese emotionale Differenzierung war für meine Klientin eine ständige Herausforderung und bedurfte einer permanenten Vergewisserung. Ich musste ihrer Tendenz zur Konfluenz – und ihrer Forderung nach Konfluenz – im direkten Kontakt widerstehen, also bewusst einen Gegenpol bilden und aufrechterhalten. Das bedeutete, mich nicht durch ihre Ängste anstecken zu lassen, stattdessen meine eigene Stabilität zu spüren und ihr in dieser Festigkeit ein haltgebender Widerpart zu sein, der ihre Gefühlslagen ertragen und gegebenenfalls benennen konnte, sodass das scheinbar Unsagbare in

Worten fassbar wurde. Auf dieser Basis erfolgte die Untersuchung ihrer täglichen Erfahrungen mit nahen Angehörigen, Freunden und fremden Personen, denen sie im Alltag eben begegnet, hinsichtlich deren emotionalen Einflusses. So prüften wir die Wirkung, die ihr Umfeld auf sie hatte, und erforschten ihren Widerstand. Beispielsweise neigte sie dazu, anstatt »nein« zu sagen, sich schwach zu fühlen und den direkten Kontakt zu vermeiden. Diesen Vorgang ins Bewusstsein zu bringen, half ihr nach und nach, ihr Verhältnis zu anderen Menschen deutlicher zu spüren und Kraft zu finden, um den Zumutungen ihrer Umgebung eigenverantwortlicher zu begegnen. Die Möglichkeit, zwischen einem vage empfundenen »Nein« und »Ja« entscheiden zu können, traute sie sich zunächst gar nicht einzugestehen; allmählich wurde sie realisiert. Projektionen gehörten ebenfalls zu einem wesentlichen Mechanismus, mit dem sie ihr Verhältnis zu Umwelt organisierte. Vor allem Aggression wurde projiziert, aber auch sexuelle Impulse. Die Bearbeitung erfolgte durch Hinterfragen und Überprüfen der vermeintlich im Außen liegenden aggressiven Tendenzen von Menschen und der langsamen Aneignung ihrer aggressiven Impulse und sexuellen Wünsche. Die Arbeit an den beiden Prozessen Konfluenz und Projektion begleitete uns die ganzen achtzehn Jahre unserer Zusammenarbeit, wobei eine starke Entwicklung stattfand.

5. Bedürfnisse spüren – Lust/Unlust-Differenzierung

Primäre Bedürfnisse wie Bewegung, Hunger, Kontakt, Ruhe, Schlaf, Schutz und Sicherheit ebenso sekundäre Bedürfnisse wie Wertschätzung und soziale Anerkennung blieben diffus, verschwanden hinter einer mysteriösen Nebelwand. Die medikamentöse Behandlung mit Neuroleptika und Antidepressiva zeitigte die Wirkung, dass die Klientin sich gedämpft und fremdbestimmt fühlte. Sie hatte das Gefühl, nicht Herr in ihrem Haus zu sein. Dies erschwerte das Erkennen echter Bedürfnisse. Beispielsweise führte die abendliche Gier auf Süßes zu einer großen Unzufriedenheit mit sich. Der Kontrollverlust, den sie wiederkehrend erlebte, war Anlass für Verurteilung der eigenen Person. Schamreaktionen mit Selbstzweifel und Selbst-Entfremdung waren Folgen dieser Selbstverurteilung. Die Einnahme der Neuroleptika hatte eine kontinuierliche Gewichtszunahme zur Folge. Diese Entwicklung belastete das ohnehin geringe Selbstwertgefühl enorm. Es verstärkte den Eindruck, aus dem Leben und der Gesellschaft heraus gefallen zu sein. So wurde das Bedürfnis nach sozialem Kontakt oft überlagert von der Scham, »in ihrem kranken Zustand« gesehen zu werden. Als sie ihren psychischen Zusammenbruch erlitten hatte, befand sie sich gerade erst am Beginn ihres beruflichen Lebens, und von diesem Zeitpunkt an war es ihr nicht mehr möglich, einen beruflichen Wiedereinstieg zu schaffen. Somit büßte sie ihre Selbständigkeit und finanzielle Unabhängigkeit ein. Schmerzhaft empfand sie auch den Verlust ihrer Attraktivität als Frau, zum einen aufgrund der Gewichtszunahme und zum anderen aufgrund der Libido-tötenden Wirkung der Medikamente. Über lange Zeit stand eine allgemeine Lustlosigkeit im Vordergrund. Der Verlust des alten Selbst wurde über viele Jahre betrauert. Eine tiefe Wunde, die nur langsam heilte.

6. Selbstfürsorge entwickeln – selbstverantwortlich Handeln

Mit zunehmender Differenzierung der Wahrnehmungsfähigkeit und dem Erleben unserer tragfähigen Beziehung stabilisierte sich die Klientin so weit, dass sie wieder Trauer, Wut,

Schmerz zu empfinden und auszudrücken vermochte, ohne dass es zu Überflutungen kam. Auch wenn vor ihrem Zusammenbruch viele Dinge in ihrem Leben belastend waren, so hatte sie sich doch mit der Welt verbunden gefühlt und eine Zukunft als selbstverständliche Kontinuität ihres Lebens angenommen. Nun hatte sie einen tiefen Riss in ihrem psychischen Funktionieren erlitten und das erschütterte ihr Selbst-Erleben und ihre Identität.

Der Wunsch, wieder etwas mehr Lebensqualität zu erlangen, tauchte nach einer jahrelangen Phase von Depression, Hoffnungslosigkeit und Trauer auf. Ein wesentliches Ziel für die Klientin stellte es dar, ihren Körper zurückzugewinnen. Das hieß, Gewicht zu verringern, und dies wiederum schien kaum möglich mit der Einnahme der Neuroleptika. Dieser Wunsch hatte aber eine große Kraft, er war ein »Ja« zum Leben und führte aus der Depression hinaus. In gemeinsamer Abwägung mit der behandelnden Ärztin begann sie, die Neuroleptika zu reduzieren und schließlich ganz abzusetzen, bis sie praktisch nur noch als Notfall-Medikament eingesetzt wurden. Gleichzeitig konsultierte sie in der Klinik eine Ernährungsberatung. Auf die Art entstand ein Gesamtkonzept aus Reduzierung der Medikamente, gesunder Ernährung, Bewegung und unseren stabilisierenden Gesprächen.

Unsere Arbeit förderte die Wahrnehmung ihrer körperlichen Bedürfnisse, Lust und Unlust sowie die Entwicklung selbstunterstützender Strategien. Das Ziel war hoch gesteckt, denn es ging um zwanzig Kilo, die sie los werden wollte. Dies zu erreichen, wurde zur den Alltag neu strukturierenden Herausforderung. Spaziergänge über viele Stunden standen auf der Tagesordnung; die Ernährung sollte umgekrempelt werden. Der Balance-Akt lag darin, nicht *gegen* den Körper, vielmehr mit *ihm* zu handeln, etwa Lust am Essen und Fähigkeit zum Genuss in den Dienst der Gewichtsabnahme zu stellen. Die Klientin entwickelte einen Genussplan für ihre Ernährung.

Sie gönnte sich etwas, was sie früher nicht getan hatte. Sie begann, mit Genuss beispielsweise besondere Müslis oder Salate zuzubereiten. Früher hatte sie Essen als einen notwendigen, eher lästigen Akt angesehen. Weil es ihr in der Tendenz unangenehm gewesen war, las sie meist nebenher Zeitung. Nun aß sie ohne Zeitung aber mit Genuss. In dem experimentellen Teil von »Gestalttherapie« schreiben Perls, Hefferline und Goodman:

»Wie wär's, wenn du, um deine körpernahen Sinne ganz aufzuwecken, einmal mit deinen Essgewohnheiten experimentiertest? Wir wollen dir an diesem Punkt keine Änderung nahelegen, außer der einen, dass du dich auf das Essen konzentrierst. [...] Vergegenwärtige dir deine Essgewohnheiten. Worauf pflegst du dich zu konzentrieren, während du isst – auf das Essen? Auf ein Buch? Auf das Gespräch? [...] Einzig der Mensch geht ja so weit, das Essen als ein notwendiges Übel oder als eine Art Auftanken zu betrachten.«[3]

Die sportlichen Aktivitäten bestanden aus langen Spaziergängen in der Stadt. Das Gehen betrachtete sie als ihren Job, den sie gut machen wollte. Hin und wieder belohnte sie sich mit einem Kaffeehausbesuch, wo sie dann in Ruhe Zeitung las. Allerdings gab es auch Tage und Zeiten, an denen es ihr schwerfiel, das geplante Pensum zu schaffen. Die Gefahr war dann groß, dass sie sich abwertete und resignierte. Um dem entgegenzuwirken, schlug ich ihr vor, einen »Gammeltag« in die Woche einzuplanen. Dieser Tag wurde zu einem wichtigen Entlastungsmoment. An ihm war sogar Regression erlaubt. Er erleichterte es ihr, an anderen Tagen auch mit Unlust ihren »Job« zu erledigen. Nach Jahren der Depression konnte die Klientin nun allmählich Erfolgserlebnisse verbuchen.

3 Fritz Perls, Ralph Hefferline, Paul Goodman, *Gestalttherapie: Praxis* (1951), München 1993, S. 89.

7. Aggression aneignen:
Selbstwirksamkeit zurückgewinnen

Lebensgeschichtliche Erfahrungen emotionaler Vernachlässigung, frühe Heimerfahrung und elterliche Gewalt in einem gesellschaftlichen System, das autoritär und repressiv war, führten zu dem Gefühl der Schutzlosigkeit, des Ausgeliefertseins. Die Aggression war im Außen und in der Tendenz gegen sie gerichtet. Als junge erwachsene Frau erlitt sie in einer konflikthaften, mit hoher Emotionalität und Aggressivität einhergehenden Partnerschaft ihren ersten psychischen Zusammenbruch.

Sich mit eigenen aggressiven Impulsen zu identifizieren, war lange Zeit zu bedrohlich und musste abgewehrt werden. So blieb die Klientin in einer Opfer-Haltung und fühlte sich oft ausgeliefert, ohnmächtig und schwach, wenn es um soziale Anforderungen ging. Dies betraf alle Ämtergänge, den Kontakt zu Freunden, zu den Eltern, aber auch an der Kasse im Supermarkt konnten Situationen eintreten, in denen sie sich ausgeliefert fühlte. So war das Leben gefährlich und sie fühlte sich in den ersten Jahren schnell überwältigt von sozialen Anforderungen.

Erst auf der Basis der oben beschriebenen Stabilisierung und erster Erfahrungen von Selbstwirksamkeit war es möglich, sich mit eigenen aggressiven Impulsen zu identifizieren und für sich einzutreten. Jetzt konnten Konflikte mit Freunden oder Eltern bearbeitet und nötige Abgrenzungen vollzogen werden. Die Klientin war zunehmend in der Lage, für ihre Bedürfnisse einzutreten und Konflikte auszutragen.

Konflikte werden auch von den sogenannten normalen Leuten als bedrohlich empfunden, statt die kreativen Potenziale zu erkennen, die sie freisetzen können, sofern man sinnvoll und verantwortlich mit ihnen umgeht: Aneignung von Aggression ist nicht nur eine Herausforderung für psychisch Kranke!

8. Vom unstrukturierten Grund zur integrierten Erfahrung

Wenn es uns möglich ist, einen Erfahrungszyklus von dem undifferenzierten Grund über die Differenzierung und sich herausbildende Figur (Bedürfnis, Ziel) bis hin zur Befriedigung der Bedürfnisse und zur Verarbeitung des Erlebten im Nachkontakt zu durchlaufen, findet seelisches Wachstum statt, das heißt eine integrierte Erfahrung.

Der Klientin ist es in unserer gemeinsamen Zeit gelungen, spürend und wahrnehmend ihre Bedürfnisse von denen Anderer abzugrenzen und für ihre Ziele einzutreten. Sie machte zunehmend befriedigende Erfahrungen und erlebte ihre Selbstwirksamkeit. Sie erarbeitete sich Möglichkeiten der Spannungsregulation, sodass sie den Kontakt immer seltener abbrechen musste und auch konflikthafte Situationen über längere Zeit auszuhalten vermochte. Irgendwann tauchten Momente der Freude und Zufriedenheit auf, die sie intensiv spüren konnte. Echte Freude zu empfinden, war in den ersten zehn Jahren nicht vorgekommen – geschweige denn Liebe. In den letzten Jahren wurden liebevolle Gefühle und Sehnsucht nach einer Partnerschaft ein lebendiger Antrieb für die Gestaltung ihres Lebens. Sich verbunden zu fühlen mit einem Menschen (statt in Abhängigkeit oder Verstrickung), setzt ein eingegrenztes und zur Autonomie fähiges Selbst voraus. Diese innere Selbst-Struktur ist über die Jahre unserer Zusammenarbeit gewachsen, sodass sie schließlich in der Lage war, sich wieder auf eine partnerschaftliche Beziehung einzulassen.

Nur wer sich von der Umwelt und von den anderen Menschen differenziert als eigenständiges Wesen wahrnehmen kann, ist in der Lage, Kontakt zu einem wesentlichen Du aufzunehmen, ist in der Lage zu Verbundenheit und Liebe. Dies ist das Paradox, das ständig von der Forderung nach Konfluenz (also Symbiose) bedroht wird.

9. Dialogische Haltung –
einem seelisch kranken Menschen begegnen

Menschen zu begleiten, die sich in seelischer Not befinden, bringt uns die eigene Verwundbarkeit nahe und führt uns so manche Abgründe des Lebens vor Augen. Dem zu begegnen, fordert die eigene seelische Stabilität heraus. Sowohl Berührbarkeit wie Abgrenzung sind gefordert.

Für meine langjährige Arbeit mit jener Klientin war meine dialogische Haltung wesentlich, nämlich ein wirkliches Gegenüber zu sein, ein echtes Du, wie es Martin Buber in seinem Werk »Ich und Du« (1923) beschreibt. Dies bedeutet, den Anderen als eine selbständige Anderheit[4] anzuerkennen und als solche Anderheit zur Verfügung zu stehen. Auf dieser intersubjektiven Grundlage kann psychische Entwicklung und Reifung stattfinden, denn der psychisch gestörte Mensch leidet an einer gestörten Beziehung zu sich selbst, zu Anderen und zur Welt.[5] In meiner Arbeit war es der Klientin möglich auf der Basis dieses Beziehungsangebotes eine korrigierende emotionale neue Beziehungserfahrung zu machen, die heilende Wirkung hatte. Mit einer dialogischen Haltung verbindet sich auch ein Begegnen im »Nicht-Wissen«. Dies bedeutete für meine Arbeit, dass ich die Diagnose, die die Klientin mitbrachte, quasi einklammerte und beiseite stellte. Sie sollte unserer Begegnung nicht im Wege stehen. Alle Vorannahmen, alles Wissen über sie musste für die direkte Begegnung eingeklammert werden, damit das reale Gegenüber in den Vordergrund treten konnte. So entstand ein Raum, den Buber »Zwischen« nennt, der die wertvolle Qualität mit sich bringt, dass hier eine wirklich neue Erfahrung gemeinsam gemacht werden kann. Un diese Wir-

---

4 Im Unterschied zur »Andersheit«, die Verschiedenheit meint, steht »Anderheit« für die Fremdheit im Sinne von Emmanuel Levinas.
5 Achim Votsmeier-Röhr und Rosemarie Wulf, *Gestalttherapie*, München 2017, S. 60ff.

Erfahrung basiert auf dem Erleben, dass das eigene So-Sein erlaubt ist und unterstützt wird.

Die Erlaubnis oder vielmehr Einladung zu einer Begegnung im »Nicht-Wissen« erlaubte mir als junge Gestalttherapeutin das Wagnis einzugehen, mit einer Frau zu arbeiten, deren seelische Zerrüttung sehr groß und deren Heilung nicht in Sicht war. Ich war für sie ein wertschätzender Gesprächspartner und interessierte mich für ihr Leben. Ich freute mich mit ihr über kleine Erfolge und fand tröstende Worte, wenn die Verzweiflung groß war. Ich nutzte kreative Arbeitsmethoden und ermutigte zum Ausprobieren von Neuem. Ich war unendlich geduldig und manövrierte mit ihr durch eine jahrelange finstere Depression. Dies hätte ich nicht durchgehalten, wenn nicht auch von ihr etwas gegeben worden wäre. So spürte ich ihre Dankbarkeit, dass ich nicht aufgab, ihren Mut, sich auf meine Angebote einzulassen, ihre unsichere Freude, mit der ihr Vertrauen ins Leben zurückkam. Das Schicksal dieser Frau berührte mich und lehrte mich die Wichtigkeit, als Mensch da zu sein – auch in einem professionellen Kontext.

Personenregister

Sachregister

Gabriele Blankertz
Kontakt gestalten: Wege zur Heilung
124 Seiten · [D] 12,80 € · edition g. 401

Stefan Blankertz
Die Geburt der Gestalttherapie
aus dem Geiste der Psychoanalyse Sigmund Freuds
122 Seiten · [D] 12,80 € · edition g. 402

Stefan Blankertz
Kurt Lewins Kritik der Ganzheit
150 Seiten · [D] 13,80 € · edition g. 403

Stefan Blankertz & Cornelia Muth
Husserls Intuition und Levinas' Beitrag
124 Seiten · [D] 12,80 € · edition g. 404

Peter Philippson
Selbstwerdung
284 Seiten · [D] 19,80 € · edition g. 406

Stefan Blankertz
Wilhelm Reichs Massenpsychologie des Faschismus
152 Seiten · [D] 13,80 € · edition g. 407

Stefan Blankertz & Cornelia Muth
Neue Nachrichten von der Seele: Ein Brevier
90 Seiten · 17 Farbseiten · Hardcover
[D] 17,80 € · edition g. 408

Kurt Lewin
Die psychologische Situation bei Lohn und Strafe
herausgegeben von Stefan Blankertz
120 Seiten · [D] 10,00 € · edition g. 409

www.berliner-gestaltsalon.de
editiongpunkt.de